通勤大学 図解会計コース④
XBRL

澤田和明=著
Kazuaki Sawada

通勤大学文庫
STUDY WHILE COMMUTING
総合法令

はじめに

　現在、国際会計基準が急ピッチで整備されていますが、財務諸表を中心とする財務情報の作成・流通・利用をXMLで可能にするのは、全世界でもXBRLをおいて他にはなく、世界中の関心が確実に高まっています。日本でのXBRLは、2008年4月、金融庁の「EDINET」で、有価証券報告書のうち、財務諸表の本表部分のXBRLでの提出、さらに同年7月、東京証券取引所の「TDnet」で、決算短信の決算情報の要約が載っている部分と、基本財務諸表部分及び業績・配当予想の修正についてXBRL化されました。

　XBRLは、「X＝拡張可能」「B＝ビジネス」というアルファベットの文字に、将来の方向性が託されています。つまり、企業財務情報を拡張して再利用したり、それ以外のビジネス領域において利用される可能性を秘めているのです。

　たとえば、金融機関では融資判断を行う場合、財務諸表がXBRLデータであれば、入力ミスの回避や入力に係る人的コストの大幅な削減が可能となり、それにより融資のスピードアップが図れます。

　また、中小企業の財務情報は信頼感にバラつきがあり、財務情報のみを与信判断の材料にすると不測の貸倒れが発生するおそれがあります。そこで、財務情報に加え、顧客企業の経営状態を的確に表す非財務指標の開示を求め、これらの財務・非財務情報を包括的に利用して与信判断の精

度を高める取り組みが考えられます。与信判断に利用する非財務指標は、顧客企業の成長と信頼性の向上を定量的に計測するもので、たとえばBSC（バランスト・スコアカード）、CSR（企業の社会的責任）、内部統制強化等の視点を元に指標を作ることができるでしょう。これらの非財務指標は、顧客企業にとって会社全体の経営状態を示す重要な指標であり、それを改善することは取りも直さず自らの成長への取り組みとなります。実際の指標のやり取りは、金融機関が非財務指標を盛り込んだタクソノミーをいわば、「経営課題タクソノミー」として顧客企業に提示し、顧客企業はタクソノミーに従ってインスタンスを作成・報告するという仕組みによって実現できます。XBRLは、金融機関と顧客企業がタクソノミーを通じて、指標の意味や意図等を互いに共有・理解した正しい開示を可能とします。これはある意味で中小企業向け「コベナンツ付き融資」と言えます。これにより、金融機関と顧客企業は、指標改善に向けた議論を通じてより強固な信頼関係を築くことができます。

　このような様々な可能性を秘めたXBRLですが、残念ながら、現時点では知名度はあまり高くありません。本書は、一般のビジネスマンが手軽に読め、理解しやすい内容を目指しました。本書が、XBRL普及の一助となれば幸いです。

　最後に、本書を出版するに当たりご尽力頂いた総合法令出版株式会社の田所陽一、古森綾両氏に心から感謝し、この場を借りて御礼を申し上げます。

2009年6月23日　澤田和明

目次

まえがき

第1章 XBRLの基礎

1-1　XBRLとは？……12
1-2　XBRLの普及状況①……14
1-3　XBRLの普及状況②……16
1-4　XBRLの定義……18
1-5　XBRLの体系……20

第2章 XBRLのしくみ

2-1　XBRLはタグつき言語……24
2-2　タクソノミーとインスタンス文書……26
2-3　タクソノミースキーマとリンクベース……28
2-4　タクソノミー3層構造……30
2-5　XBRL GLとは……32
2-6　XBRLとCSVの違い……34
2-7　XMLとHTMLの違い……36

第3章 XBRL 7つの魅力

- 3-1 データのまま交換……40
- 3-2 財務諸表の比較が簡単……42
- 3-3 勘定科目の標準化と拡張……44
- 3-4 英語の財務諸表を日本語に自動翻訳・切り替え……46
- 3-5 決算情報の収集・加工・分析……48
- 3-6 アウトプットの形を選ばない……50
- 3-7 国際標準の技術……52

第4章 XBRLのメリット

● XBRL利用者のメリット
- 4-1 行政のメリット……56
- 4-2 税理士のメリット……58
- 4-3 公認会計士のメリット……60
- 4-4 金融機関のメリット……62
- 4-5 信用調査会社のメリット……64
- 4-6 アナリストのメリット……66
- 4-7 投資家のメリット……68
- 4-8 情報ベンダーのメリット……70
- 4-9 ITベンダーのメリット……72

● XBRL 導入企業のメリット

- 4 − 10　スピーディな意思決定……74
- 4 − 11　連結決算処理の自動化……76
- 4 − 12　情報開示の多様化……78
- 4 − 13　効率アップとコストダウン……80
- 4 − 14　内部統制システムへの応用……82

第5章　申告とXBRL

●電子申告

- 5 − 1　電子申告の必要性……86
- 5 − 2　電子申告の運用手順……88
- 5 − 3　電子申告の問題点……90

●電子申告におけるXBRLの役割

- 5 − 4　電子申告で利用できる申告手続……92
- 5 − 5　申告送信データの構造……94
- 5 − 6　XBRLが利用される理由……96

第6章　XBRL導入

●導入事例

- 6 − 1　金融庁のEDINET……100
- 6 − 2　国税庁のe-Tax……102
- 6 − 3　地方税ポータルサイトのeLTAX……104

6 - 4　日本銀行の考査オンライン……106
6 - 5　新銀行東京の電子融資申し込みシステム……108
6 - 6　東京証券取引所のTDnet……110
6 - 7　帝国データバンクのXBRL出力システム……112
6 - 8　NTTデータのZaimon……114

●導入戦略
6 - 9　XBRL導入の狙い……116
6 - 10　XBRL導入課題　～会計科目の相違～……118
6 - 11　XBRL導入課題　～基準・実務制約の違い～
　　　……120
6 - 12　XBRL導入課題　～作成・利用目的の違い～
　　　……122
6 - 13　XBRL導入段階……124

第7章　XBRL応用システム

●XBRL財務情報システムの実用化
7 - 1　上場企業データの配信システム……128
7 - 2　非上場企業データを含む大量データ変換システム
　　　……130

●経営管理システム
7 - 3　経営管理の課題……132
7 - 4　業績管理と意思決定……134
7 - 5　XMLベースの経営情報基盤……136

7－6　経営情報基盤に基づく経営管理の合理化……138

第8章　XBRLの今後の展望

●新たな金融インフラとしてのXBRL
　8－1　融資業務でのXBRLの活用……142
　8－2　金融監督でのXBRLの影響……144
　8－3　シンジケートローンでのXBRLの活用……146
●企業におけるXBRLの活用
　8－4　会計処理の合理化……148
　8－5　IR業務でのXBRLの応用……150
　8－6　内部報告におけるXBRLの活用……152
●投資家のXBRLの活用
　8－7　個人投資家……154
　8－8　機関投資家……156
　8－9　投資分析でのXBRLの活用……158

<参考書籍等>
『XBRLによる財務諸表作成マニュアル』
　　XBRL JAPAN　監修、坂上学・白田佳子　編　日本経済新聞社刊
『XML技術とXBRLデータ標準を用いたインターネット財務情報システム』
　　湯浦克彦　著　ソフト・リサーチ・センター刊
『XBRLの衝撃』
　　花堂靖仁＋ダイヤモンド社　著　ダイヤモンド社刊
XBRL JAPANホームページ

カバーイラスト	テンキ
装丁	八木美枝
本文組版・図版	横内俊彦
本文イラスト	藤田めぐみ

第1章

XBRLの基礎

1-1 XBRLとは？

　XBRLとは「eXtensible Business Reporting Language」の略です。日本語に訳すと「拡張可能な事業報告用言語」という意味になります。具体的には、財務諸表をはじめとする企業のさまざまな会計報告書を作成・流通・利用するために標準化されたコンピュータ言語を指します。

　ここでいう、「eXtensible（拡張可能）」とは、次のような機能を意味します。
①その国の会計基準や開示規則に応じて項目を追加可能
②業種別・企業別に項目を追加可能
③会計基準や開示規則の変更に合わせて項目を変更可能
④財務情報以外の社外向け事業報告に活用可能
⑤その企業の社内会計システムでも利用可能
このように、XBRLで作成された財務諸表データは、利用者の目的に応じて加工することが容易です。

　たとえば、複数企業の「売上高」「売上総利益」「営業利益」「経常利益」「当期純利益」などを比較検討したい場合、これまでは表計算ソフトや専用ソフトに各企業の財務諸表から該当データを抜き出して手入力しなければならなかったほか、各社で使用する勘定科目が異なっているケースが多いため、簡単ではありませんでした。

　しかし、XBRLで作成された財務諸表データであれば、データをそのまま別のソフトやシステムに取り込んで、加工や分析のために使用することができるようになります。具体的には金額の大きな順に並び変えたりグラフ化することが簡単にできるようになります。

第 1 章　XBRL の基礎

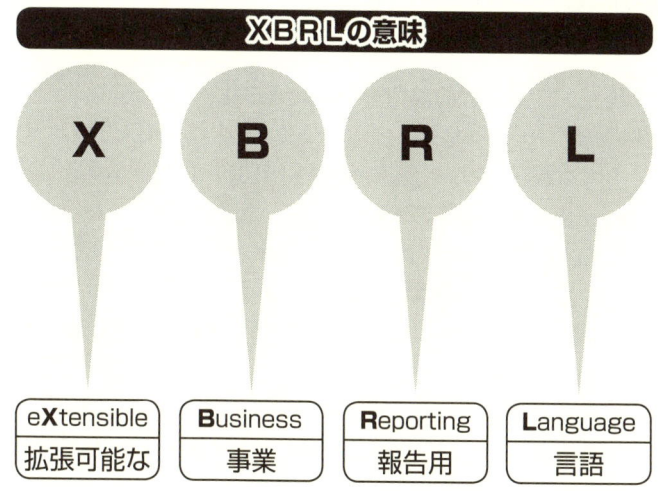

XBRL とは聞きなれない用語かもしれませんが、上の図のように分解してみればよくわかりますね。これから勉強していきましょう

1-2 XBRLの普及状況①

　現在、日本は公的部門を中心にXBRLの採用が進み、世界に先駆けて、本格的な実用段階に突入していると言えます。

　まず2008年4月、金融庁の「EDINET」（Electronic Disclosure for Investors' NET work　金融商品取引法に基づく有価証券報告書等の開示義務に関する電子開示システム）で、有価証券報告書のうち、財務諸表の本表部分のXBRLでの提出が義務づけられました（ただし対象は有価証券報告書提出会社のみ）。

　次に同年7月、東京証券取引所の「TDnet」（Timely Disclosure network　適時開示情報伝達システム）で、決算短信の決算情報の要約が載っている部分（1枚目）と、基本財務諸表（貸借対照表・損益計算書・キャッシュフロー計算書）及び業績・配当予想の修正（証券取引所上場企業が対象）について、その授受・提供がXBRL化されることが原則として義務づけられました。

　この結果、日本国内にある4000社もの上場企業の財務情報を、誰でも自由かつ簡単にデータをインターネットからダウンロードして、分析することができるようになりました。

　したがって、株式投資における最もベーシックな情報である財務諸表のデータの分析を、これまで証券会社などのプロのアナリストの判断や情報に頼っていた個人投資家も、今後は自分で各社の貸借対照表や損益計算書を分析して、独自に投資先を決定するケースが増えてくるでしょう。

　XBRL導入により、財務情報取得の質・量・スピードにおけるプロと個人投資家の格差は劇的に消滅していきます。

第1章 XBRLの基礎

XBRL普及状況 (1)

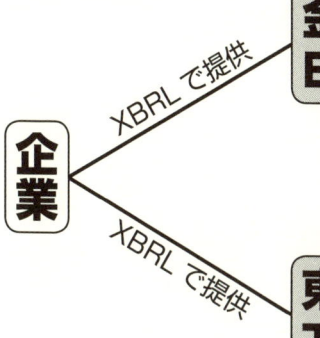

XBRLの導入はすでに公的部門で始まっています。まだ一般的に認識されていませんが、確実に私たちの生活に浸透しているのです

1-3 XBRLの普及状況②

　前項で、企業の投資家向け決算情報においてXBRLが利用されている事例を紹介しましたが、これらは一部の上場企業だけが関係するものです。しかし、その他にも下記のような分野でXBRLは利用されています。これらは上場企業以外のあらゆる企業に関係しています。

①税務申告

　2004年から国税庁の国税電子申告・納税システム「e-Tax」で、さらに2005年から都道府県や政令指定都市が運用する地方税ポータルシステム「eLTAX」において、法人を対象にXBRL形式の財務諸表の受付がスタートしています。また、国税庁では2007年9月から本人認証手続きが簡略化され、利用者の利便性が向上した結果、利用率が急増しています。地方税の「eLTAX」も2008年3月から電子申請・届出及び電子納税に対応しています。

②金融監督

　日本銀行（日銀）は金融システムを安定させる目的で、各金融機関の融資状況や財務状況を監督しています。そのため、銀行や信用金庫に対して、定期的に財務情報を提出させることを義務づけています。この日銀と金融機関を結ぶ「考査オンライン」では、月次決算などの財務情報を2006年からXBRL化し、業務効率の大幅な改善を図っています。

③金融機関の融資業務

　一部の金融機関では、融資審査の際にXBRL形式の財務諸表を受け付けて、審査期間や手続きの短縮化を図っています。

第1章　XBRLの基礎

XBRL普及状況 (2)

①税務申告

企業 —XBRL 電子申告→ **国税 e-Tax、地方税 eLTAX**

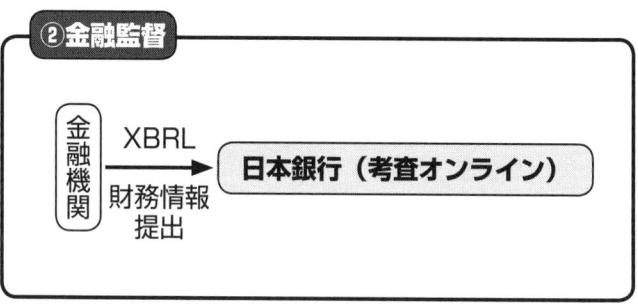

②金融監督

金融機関 —XBRL 財務情報提出→ **日本銀行（考査オンライン）**

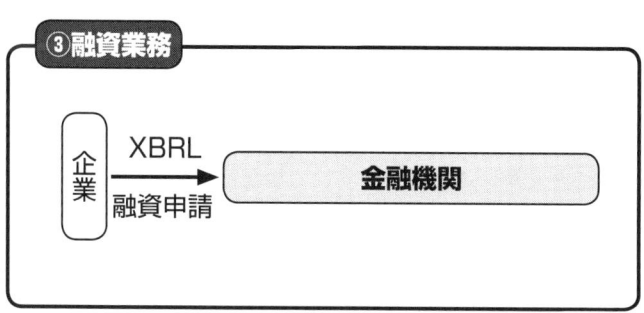

③融資業務

企業 —XBRL 融資申請→ **金融機関**

1-4 XBRLの定義

　XBRLをさらに詳細に定義すると、「財務情報の作成・流通・利用が容易となるように、XML（eXtensible Markup Language）を用いて標準化された財務報告・事業報告用のコンピュータ言語」となります。

　つまり、XBRLは単に企業の財務報告を電子的に行うためだけに開発されたものではありません。むしろ企業財務データの「企業間における流通」を促進することにこそ重点が置かれていると言えます。

　XBRLは、数値を「タグ」で囲んで意味を持たせる「マークアップ」という方式で財務データを記述します。

　たとえば、現金1,000,000円を表現する場合、単に「現金1,000,000円」と記述しても、このままでは「現金」という項目と「1,000,000円」という数字の関係をコンピュータは理解することができません。しかし、「＜現金＞1,000,000＜現金／＞」というように、数値を「＜」と「＞」というタグで挟めば、「1,000,000」という数字に「現金」という意味を持たせることができます。以上のような方法によって、財務データの処理を自動化させ、財務情報のやりとりや経営分析などを容易にすることができるのです。

　もっとも、「現金」を表すのに、他の企業ではたとえば＜現金預金＞とか＜cash＞などの異なるタグを用いている場合があります。このように各社で異なるタグを使っていたのでは、財務データのやり取りは困難となります。そこで世界共通ルールのタグをつけ、全世界の企業の財務データを利用できるようにするのがXBRLが開発された目的なのです。

第1章 XBRLの基礎

XBRLの定義

単に電子化されたデータ

```
現金 1,000,000
預金  350,000
売掛金 560,000
```

項目と数字の関係をコンピュータは理解できない

XBRLで記述されたデータ

```
<現金> 1,000,000 </現金>
<預金> 350,000 </預金>
<売掛金> 560,000 </売掛金>
```

項目と数字の関係をコンピュータは理解できる

1-5 XBRLの体系

XBRLを構成するのは、以下のコンポーネントです。

1. 仕様書（Specification）

XBRLとは何か、後述するXBRLのインスタンス文書とタクソノミーをどのように作成したらよいかを説明したものです。技術者向けで専門用語がちりばめられています。

2. スキーマ（Schema）

XBRLスキーマとは、XBRLの最も基本的な部分を規定するものです。このスキーマとは、具体的にはXSD（XML Schema Definition）とDTD（Document Type Definition）の2つからなりますが、DTDにはどのようにインスタンス文書とタクソノミーを作成されるべきかが記述されます。

3. タクソノミー（Taxonomy）

XBRLタクソノミーとは、XBRL仕様書に準拠した財務報告を作成するために使われる「語彙」を集めたものであり、いわば「辞書」としての役割を果たします。

4. インスタンス（Instance）

XBRLインスタンス文書とは、XBRL仕様書に基づいて作成される財務諸表データです。インスタンス文書の中に記述されるタグの意味は、タクソノミーによって定義されます。

以上の中で、会計情報の作成者に関係するのは、最後のインスタンスの部分です。これはタクソノミーがちゃんと策定されていれば、それに従って会計数値にタグを埋め込むだけなので、たいした問題ではありません。HTMLでホームページが作成できる程度のスキルがあれば、誰でもでき、比較的簡単に対応できます。

第1章 XBRLの基礎

タクソノミとインスタンス文書

仕様（基本ルール）

全世界共通の文法

タクソノミー（電子的なヒナ型）

個々のデータを記述するための「辞書」
（例）営業利益
・日本語表示名：営業利益
・英語表示名：Operating Income
・計算式＝売上総利益－販売費及び一般管理費

＋

インスタンス文書（完成した財務諸表）

実際の文書
（例）〈営業利益〉100〈／営業利益〉

画面表示

営業利益 100

XBRLの構成は上の図のとおりです。タクソノミーとインスタンスがこれからもよく出てくる言葉ですのできちんと理解しましょう

第2章

XBRLのしくみ

2-1 XBRLはタグつき言語

　第1章で説明したとおり、XBRLは、タグつきコンピュータ言語であるXML（eXtensible Markup Language）をベースにして、企業の財務報告や企業間の流通を自動化、効率化する目的で開発された国際標準のコンピュータ言語です。

　繰り返しますが、XBRLは、「売上高」や「経常利益」といった財務諸表の数値データそれぞれに「タグ」と呼ばれるマークをつけ、数字そのものに意味を持たせています。

　たとえば、XBRLを使って記述された「1,000」という数字には、「A社」の「2009年3月期」の「経常利益」であり、単位は「千円」、「売上高」から「売上原価」と「販売費及び一般管理費」をマイナスしたものに、「営業外収益」をプラスし、さらに「営業外費用」をマイナスしたものといった情報まで含まれています。

　XBRLのタグは「＜　＞」で記述され、「＜経常利益＞1,000＜／経常利益＞」と記述されていれば、1,000が「経常利益」であることを表しています。つまり、この「経常利益」は、タクソノミーで「A社」の「2009年3月期」の「経常利益」で単位は「千円」と定義づけられているのです。

　コンピュータの中では、この定義ファイルが読み取られ、その数字の意味するところを認識します。コンピュータが特定の数字をピックアップしたり、ピックアップした数字同士の比較ができるのは、定義ファイルを読み取ってその数字の意味を認識したためです。そのため、XBRLを使った財務データは、あらゆるシステムやソフトでデータ交換をすることが可能になっています。

第2章 XBRLのしくみ

XBRLのしくみ

XBRL文書（ソースコード）
<売上高> 15,000 </売上高>
<売上原価> 10,000 <売上原価／>
<売上総利益> 5,000 <売上総利益／>
<販売費及び一般管理費> 3,950 <販売費及び一般管理費／>
<営業利益> 1,050 <営業利益／>
<経常利益> 1,000 <経常利益／>

売上高	15,000
売上原価	10,000
売上総利益	5,000
販売費及び一般管理費	3,950
営業利益	1,050
経常利益	1,000

数字一つひとつに意味がついている
・A社
・2009年3月期
・経常利益
・単位は（千円）
・計算式は
・「営業利益」＋「営業外収益」－「営業外費用」

2-2 タクソノミーとインスタンス文書

　第1章で説明したとおり、XBRLは、情報の定義をする部分【タクソノミー】と実際に数値・文字情報が記入されている【インスタンス】からなります。

　タクソノミーは「分類法、分類学」と訳され、財務情報を分類した辞書であると言ってよいでしょう。では、なぜ財務情報を分類する必要があるかというと、コンピュータが自動処理するためです。財務情報の分類・加工作業を少しでも早く行うには情報の標準化が必要であり、さらにコンピュータでの自動処理を実現するには、コンピュータが判断するためのロジックが必要となります。このコンピュータ自動処理を実現するためのロジックがタクソノミーで実現されます。

　タクソノミーという標準電子的ひな型により日本の財務諸表の標準化が行われることは画期的であり、投資判断としての財務分析が飛躍的に効率化されることが期待されます。

　一方、インスタンス文書とは、タクソノミーに基づいて具体的な財務諸表数値などのデータを入出力した文書（拡張子は「.xbrl」）をいいます。タクソノミーで定義されたすべての科目を使用することはなく、実際に数値データなどが入った科目のみを出力するので、インスタンス文書の内容は単純です。

　この情報から「流動資産合計30,000」と表示するためには、コンピュータ処理のための要素名（ID）である「Total Current Assets」を解釈する必要があります。その辞書がタクソノミーであり、インスタンス文書の情報を解釈して処理するために不可欠です。

第2章　XBRLのしくみ

XBRLの構造

インスタンス文書の一部
```
<edn-t-ct:TotalCurrentAssetscontextRef="Prior1YearConsolidatedInstant"decimals="－3"unitRef="JPY">30000000</edn-t-ct:TotalCurrentAssets>
<edn-t-ct:TotalCurrentAssetscontextRef="CurrentYearConsolidatedInstant"decimals="－3"unitRef="JPY">30000000</edn-t-ct:TotalCurrentAssets>
<edn-t-ct:TotalPropertyPlantAndEquipmentcontextRef="Prior1YearConsolidatedInstant"decimals="－3"unitRef="JPY">30000000</edn-t-ct:TotalPropertyPlantAndEquipment>
```

<edn-t-ct:TotalCurrentAssetscontextRef　←流動資産合計の始まり
="Prior1YearConsolidatedInstant"decimals　←前期（Prior Year）の数値（decimals）
　データ
="－3"unitRef="JPY">　←日本円（JPY）で千円単位（－3）で表記
30000000　←実際の値（単位未満をゼロで埋める）
</edn-t-ct:TotalCurrentAssets>　←流動資産合計の終わり

スタイルシートにより変換されたHTML表示画面

	2008	2009
資産の部 Assets		
流動資産 Current assets		
流動資産合計 Current assets total	30,000	30,000
固定資産 Fixed assets		
有形固定資産 Property, plant and equipment		
有形固定資産合計 Fixed assets total	30,000	30,000

2-3 タクソノミースキーマとリンクベース

　タクソノミーは、タクソノミースキーマとリンクベースの2つの要素に分けられます。前者は利用可能な勘定科目のリストで、各科目に対応したタグのつけ方や共通コード、属性情報、文書構造などが定義されています。それに対して、後者は各勘定科目間の関係を表しており、次の5つがあります。

①**定義リンクベース（Definition Linkbase）**
　各科目間の親子関係や出現規則などを定義したものです。

②**表示リンクベース（Presentation Linkbase）**
　たとえば「流動資産」の次に「固定資産」を表示するといった、各勘定科目の表示順序を定義したものです。

③**計算リンクベース（Calculation Linkbase）**
　たとえば「営業利益」は「売上総利益」から「販売費及び一般管理費」を引いて求めるなど、各勘定科目間の集計方法を定義します。

④**名称リンクベース（Label Linkbase）**
　表示される勘定名称を定義します。たとえば「cash」は日本語で「現金」と表示するなど、複数の言語で定義することができます。

⑤**参照リンクベース（Reference Linkbase）**
　各勘定科目がどの会計基準に則っているかを定義します。

　以上に加えて、ビジネスレポートの各情報を多次元に分析するための仕様として、XBRL Dimensions が定義リンク上に構築されました。これを利用してコンテキストの情報を表現することで、商品ごとや地区ごとなど、様々な視点からの報告文書を構築することができるようになりました。

第2章 XBRL のしくみ

タクソノミーとリンクベース

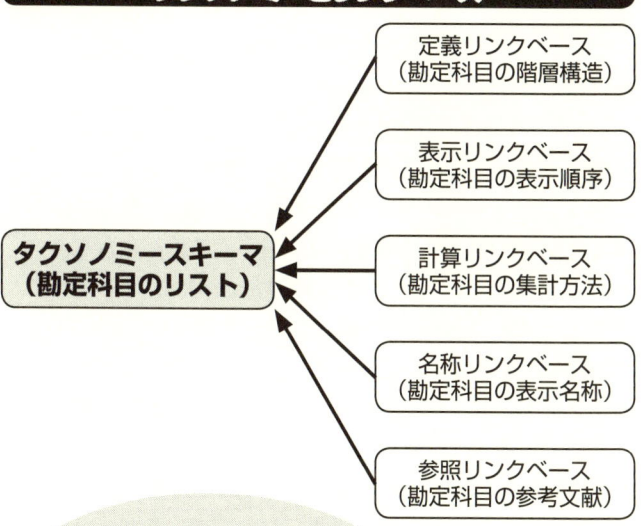

上の図はタクソノミーとリンクベースの関係を表したものです。複数のファイルに細分することでタクソノミーの変更が容易です

2-4 タクソノミー3層構造

金融庁の EDINET は、有価証券報告書など企業の法定開示書類をインターネットで閲覧するためのシステムで、タクソノミーを以下の2種類に分けています。

①標準タクソノミー

標準タクソノミーは、金融庁など XBRL 文書の提出を受ける機関が、表示する勘定科目を統一するために自ら設定しているものです。たとえば、金融庁は過去に EDINET で利用された5万項目もの勘定科目を約4000に集約した「EDINET タクソノミー」を用意しています。これには、共通コード、日本語と英語の表示名、表示順、計算関係、貸借区分などの情報が設定されており、各企業はこの「EDINET タクソノミー」から必要な科目を選択して、その選択した科目に自社の数字を当てはめて使います。

②企業タクソノミー

企業タクソノミーは、上記の標準タクソノミー以外の勘定科目を、各企業が独自の基準で追加したものです。XBRL は拡張可能な言語なので、各社は自社の状況を適切に表現するために必要な科目を自社の判断で追加することができます。

しかし、標準タクソノミーで定義された勘定科目は、すべての企業で比較することができますが、企業別タクソノミーで追加された勘定科目は、基本的には「その他」扱いされ、そのままでは比較することができません。

このように、企業がより正確な実態を表現するために自社の企業別タクソノミーを充実させてしまうと、逆に比較できる情報が減るというジレンマもあります。

第2章 XBRLのしくみ

タクソノミー3層構造

独自科目が増えると情報の比較が簡単にはできない

↑ 拡張性

個別企業の勘定科目	} 企業が独自に加える **企業別タクソノミ**
業界別の合計基準	} 認定団体などが定める **標準タクソノミ**
国別の会計基準	

↓ 標準化

共通科目で他社との比較が容易にできる

31

2-5 XBRL GL とは

　XBRL は、企業が財務報告を外部へ提供するためのみに用いられるわけではありません。事業報告全体をターゲットとする企業内部の会計情報を扱うための XBRL GL というタクソノミーがあります。

　通常、企業の日常的な取引は、財務会計システムとは別に用意された管理会計システムで記録されています。XBRL ではこの管理会計用に別の仕様を用意しています。XBRL GL では、内部会計で必要とされる勘定科目、仕訳データ、勘定残高などの情報を表現するためのタクソノミーです。

　個々のデータには、勘定科目名や貸借区分、発生日、金額、取引相手（顧客・取引先）の名前、取引を実行・承認・記帳した従業員名、文書の番号や日付、保管場所など、さまざまな属性情報をもたせて、提供することができます。

　これにより、会計データにまつわるすべての業務プロセスが透明化され、過去につくられた個々の伝票にさかのぼって記録を調査することができます。したがって、XBRL は内部統制への応用を期待されています。内部統制とは、会社が健全かつ効率的に運営される仕組みのことで、コンプライアンス（法律厳守）はもちろん、会社が外部に提供する財務情報に間違いないことを経営者自ら証明するものです。

　XBRL GL は、財務報告用の会計システムとの連携も可能です。双方のシステム間のデータのやりとりを XBRL 文書で行うことで、再入力や再集計の手間が省け、事務効率が大幅にアップします。また、人為的なミスが入り込む余地が減るので、数字の信頼性も格段に上がります。

第2章 XBRLのしくみ

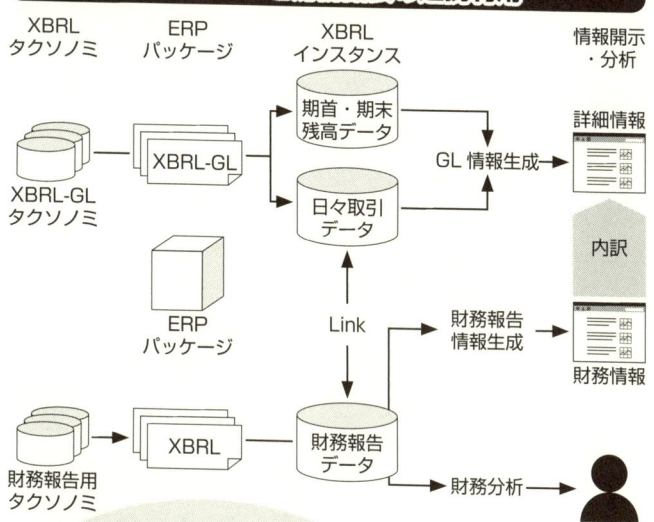

2-6 XMLとCSVの違い

　エクセルで作った文書を他のソフトで読み込むためには、CSV（Comma Separated Value）形式のファイルにする必要があります。CSV形式とXMLの違いは以下の通りです。

　CSV形式では、個々のデータはカンマ（,）で区切られています。このカンマはエクセルのセルに対応していて、カンマごとに1つのセルが割り当てられます。たとえば、

０７年,０８年,０９年,
１００,２００,３００,

というデータは、エクセル上では「3列×2行」の表として表示されます。このように、CSV形式では個々のデータの順序が大きな意味をもちます。

　CSV最大の欠点は、データの間を「カンマ（,）」で区切っているだけなので、相手側の企業と、一番目は何のデータ、二番目は何のデータと予め順番と意味を決めておかないと使い物にならないという点です。またデータの構造もカンマで区切られただけではまったくわからないというのも不便です。

　XMLでは、タグに情報を埋め込むことで、個々のデータに意味をもたせることができます。そのため、データの順序をバラバラにしても、コンピュータはそれぞれのデータの意味を認識することができます。特定のデータだけを抜き出したり、配列を変えたりするのも簡単です。

　また、XMLをベースにしたXBRL形式の決算書は、変換ソフトを使えば、簡単にエクセルで読み込むことができます。ふだんから使い慣れたソフトで決算情報を分析できるのは、XBRL文書だから可能なのです。

第2章　XBRLのしくみ

XMLとCSVの違い

画面の表示は同じでも……

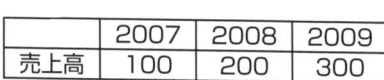

	2007	2008	2009
売上高	100	200	300

XML（XBRL）文書

＜2009売上高＞300＜／2009売上高＞
＜2008売上高＞200＜／2008売上高＞
＜2007売上高＞100＜／2007売上高＞

CSV文書

, 2007, 2008, 2009
売上高 100, 200, 300

各項目別に意味がつけられており、順序は関係ない

各項目はカンマで区切られており、順序がずれると元の意味を復元不可能

2-7 XMLとHTMLの違い

　XML（Extensible Markup Language：拡張可能なマークアップ言語）とは、XBRLの元になったコンピュータ言語です。Web関連技術の設定団体であるW3C（World Wide Web Consortium）で規格化されました。Web画面表示の言語として広く普及しているHTML（HyperText Markup Language）の発展型と位置づけられます。

　ただし、HTMLとHMLとでは、記述に用いるタグの内容が異なります。具体的には次のとおりです。

　HTMLのタグは、タグではさまれた文字列のブラウザ上での表示方法を定義したものです。たとえば、「＜太字＞売上高＜／太字＞」とあれば、「売上高」の箇所は太字で表示されます。しかし、そこに意味を与えることはできません。また、HTMLのタグは厳密に決まっており、変更できません。

　一方、タグの定義を自由に「拡張可能な」言語として開発されたのがXMLです。XMLのタグは、個々のデータに意味を与えることで別のコンピュータでもそのデータの意味が認識できるようになり、相互のデータ交換が可能になりました。XMLのこの機能はXBRLにも受け継がれています。

　そのほか、HTMLとXMLの大きな違いは、XMLはタグを自由に自分で好きなようにつけられるところです。好きなタグは、別にHTMLではどんなスタイルにするかという定義を自分でするので、HTMLとXMLとはまったく別物というわけではありません。これは、HTMLでは表現しにくい部分や冗長な部分などを簡素化できるというメリットがあります。

第2章　XBRLのしくみ

XMLとHTMLの違い

画面に表示された状態は同じだが……

売上高	200
売上原価	75

XML（XBRL）文書

<売上高> 200 </売上高>
<売上原価> 75 </売上原価>

HTML文書

```
<表>
 <行>
  <列>売上高</列>
  </列> 200 </列>
 </行>
 <行>
  <列>売上原価</列>
  <列> 75 </列>
 </行>
</表>
```

- 各項目の「意味」を定義している
- 各タグは別文書（タクソノミー）で定義される

- 各項目の「表示のしかた」を定義している
- タグにはさまれた部分は単なる文字列の扱い

第3章

XBRL 7つの魅力

3-1 データのまま交換

　第1章で説明したとおり、XBRL最大のメリットは、財務諸表の数字を、データの状態でそのまま交換できることです。

　業務上膨大な量の決算情報を分析する金融機関や税務当局、証券アナリストや情報ベンダー、信用調査会社、監査法人などが、このメリットを最大限に享受すると言えるでしょう。

　なぜなら、XBRLが登場する以前、財務諸表そのものは閲覧できても、その情報をデータの形で加工・分析することはできず、紙の財務諸表から数字を抜き出して、表計算ソフトなどに手入力で分析する必要があったからです。しかし、XBRL化で財務情報をデータのまま各種ソフトに取り込んで、加工・分析をすることができるようになりました。

　また、データを直接取り込めるということは、手入力による入力や転記のミスの心配がなくなることを意味します。さらに、入力作業が省けた結果、情報分析により多くの時間が割けるようになり、情報の信頼性の向上とより高度な分析が可能となります。

　もちろんXBRLによって、財務諸表を作成する企業も以下のような多大なメリットを享受することができます。

　それは、ある企業独自の内部管理システムや財務会計システムで作られたデータも、XBRLで異なるシステム間のデータの移動を行えば、簡単にデータを統合することが可能だという点です。とりわけ、数百もの連結子会社を抱えている大企業は、複数のシステムで作成された財務データをXBRLで統合することで、連結処理を一気に完了さすことができます。このような企業ほど、XBRLは絶大な威力を発揮します。

第3章 XBRL 7つの魅力

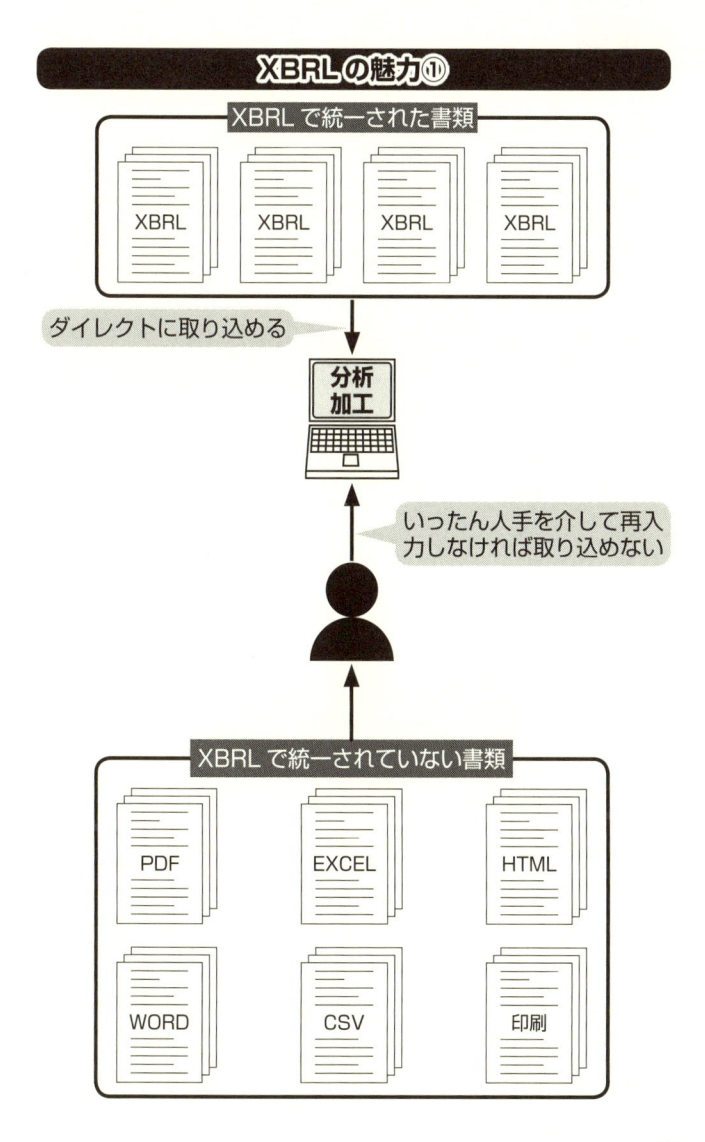

XBRLの魅力①

XBRLで統一された書類

XBRL　XBRL　XBRL　XBRL

ダイレクトに取り込める

→ 分析加工

いったん人手を介して再入力しなければ取り込めない

XBRLで統一されていない書類

PDF　EXCEL　HTML

WORD　CSV　印刷

3-2 財務諸表の比較が簡単

　企業の財務諸表は、各社ごとに勘定科目の表示方法が異なることが一般的です。たとえば、貸借対照表の「現金及び預金」という科目の場合、企業によっては「現金預金」あるいは「現金・預金」などの名称の科目を使っており、同じ内容を指す科目でも表示がまちまちです。

　これまで財務諸表の企業間比較を行う際に、紙ベースのデータを1つひとつ目で確認しながら抜き出して、手入力していく作業は非常に煩雑でした。たとえば、A社のこの勘定科目はB社のどの勘定科目に対応するのかについて、判断できないというケースも多くありました。このような勘定科目の自由表記が財務諸表の企業間比較を煩雑かつ困難なものにしていたのです。

　しかし、XBRLの登場は、この財務諸表の企業間比較における難題解決に大きく寄与しています。

　XBRLでは、数字一つひとつに「タグ」を付けて、コンピュータが勘定科目を識別するための共通コードを埋め込んでいます。たとえば、「現金及び預金」「現金預金」「現金・預金」のコードを「CashDeposits」で統一しておけば、画面上で異なる勘定科目の表記がなされていても、コンピュータは共通科目として認識してくれるのです。

　以上述べたように、XBRLの登場によって、勘定科目の表記が異なる企業間の財務諸表の比較も簡単にできるようになりました。国内だけではありません。XBAL化すれば、世界中の企業の財務諸表の勘定科目コードを統一して、企業間比較や分析を可能になるのです。

第3章 XBRL 7つの魅力

XBRLの魅力②

今まで

A社の貸借対照表　　　　　　　　　B社の貸借対照表

| 現金・預金 | ―×― | 現金及び預金 |

| 受取手形 | ―×― | 受取手形及び売掛金 |

共通項目として認識されない

XBRL化

A社の貸借対照表　　　　　　　　　B社の貸借対照表

| 現金・預金 | ―〇― | 現金及び預金 |

| 受取手形 | ―〇― | 受取手形及び売掛金 |

共通コードにより、共通項目として認識される

> 財務データをXBRL化すれば、異なる名称の勘定科目を使っている企業間の財務分析を飛躍的に効率化することができます。

3-3 勘定科目の標準化と拡張

いわゆる「会計基準」は財務諸表作成のベースとなるものですが、毎年のように変わるため、企業はその度に、従来とは異なる財務諸表を作る必要があります。

また、企業はそれぞれ自社の内部事情を反映させた独自の勘定科目を使うため、複数企業間で財務情報を同一に比較するのは簡単ではありません。共通の勘定科目を使えば、逆に各社の実態を正確に表現できない可能性も出てきます。

しかし、XBRLは「拡張可能」な言語であるため、会計基準の変更や各企業の独自の事情を反映させて、勘定科目の追加や変更を行うことが可能です。この勘定科目の標準化と拡張における使い勝手のよさもXBRLのメリットの1つです。

もっとも、同じ財務諸表でも、有価証券報告書に載せる場合と税務署に提出する場合とでは、勘定科目から計算の仕方まで異なる点が多々あります。

実際、金融庁と国税庁とでは、採用するXBRLの土台は同じであっても、上に構築される「標準タクソノミー」が異なります。具体的には、金融庁の「EDINET」は、「EDINETタクソノミー」という実際に使われている数万の勘定科目を約4000に集約した「標準タクソノミー」と、それ以外の「企業別タクソノミー」とに分けています。「EDINETタクソノミー」は、必要な勘定科目を選択して、そこに自社の数字を当てはめればよいのですが、「企業別タクソノミー」は、その企業独自の基準で追加するものなので、企業がより実態を表現しようとすると、それだけ比較できる情報が減ってしまうという可能性もあるのです。

第3章 XBRL 7つの魅力

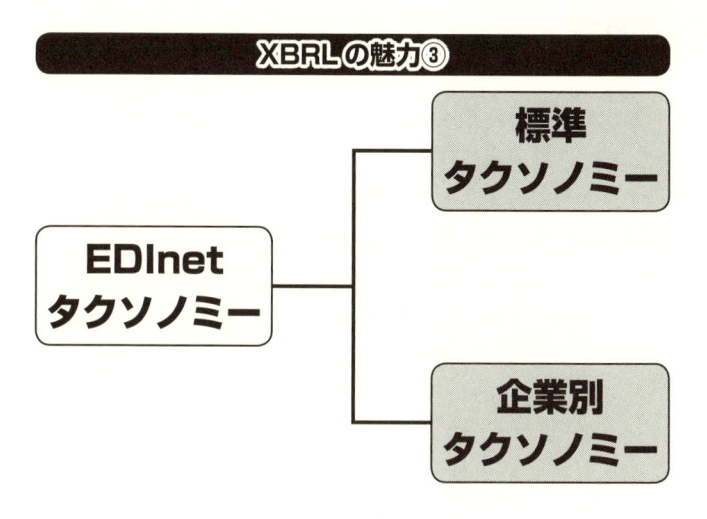

XBRLの魅力③

```
EDInet
タクソノミー ┬── 標準タクソノミー
           └── 企業別タクソノミー
```

> XBRLの特長の1つに勘定科目の標準化と変更がしやすいことがあります。上の図の金融庁のEDINETのしくみはその一例です

3-4 英語の財務諸表を日本語に自動翻訳・切り替え

　外国企業の財務状況を分析する場合、その企業の財務諸表を日本語に翻訳する作業が必要でした。インターネットを通じて、世界中の企業の財務諸表を見ることが可能になった時代においても、「外国語」という厚い壁がありました。

　しかし、このような外国語の壁も、XBRLを使って財務データの各数字につけるタグの中に、画面表示用の名称が埋め込んでしまえば、問題なくなります。

　たとえば、勘定科目「現金預金」を、日本語では「現金及び預金」、英語では「Cash&Deposits」と表示するようにあらかじめタグをつけておけば、クリックひとつで、画面に表示される言語を英語から日本語へ、日本語から英語へと切り替えることが可能になります。

　実際、数多くの国々で採用されている国際財務報告基準ベースで作成された財務諸表では、XBRLで記述された勘定科目名をはじめから日本語・英語・フランス語・イタリア語・ドイツ語・スペイン語・オランダ語など、複数の言語で表示できるようになっています。つまり、海外企業の財務諸表を翻訳することなしに、日本語で読むことができるのです。

　また、金融庁の「EDINET」でも、ダウンロードされたデータを、日本語から英語、英語から日本語の切り替えることが可能です。この場合、勘定科目の英語表記は金融庁が用意しているので、企業が個別に翻訳する必要はありません。

　今後は英語が苦手な個人投資家にとっても、海外の企業の財務データの入手・分析が飛躍的に容易となり、海外への投資が身近になることは間違いないでしょう。

第3章 XBRL 7つの魅力

XBRLの魅力④

今まで

```
貸借対照表
資産の部
（流動資産）
現金・預金    15
受取手形      25
（固定資産）
建物          25
機械          15
資産合計      80
```

```
BALANCE SHEET
Asset
(Current Assets)
Cash and Deposits 15
Note Receivable   25
(Fixed Assets)
Building          25
Machinery         15
Total Asset       80
```

翻訳作業

1つずつ翻訳する必要があった

XBRL化

```
貸借対照表

外国語ラベル
Assets＝資産の部
Current Assets＝流動資産
Cash Deposit＝現金・預金
Note Receivable＝受取手形
Fixed Assets＝固定資産
Machinery＝機械
```

```
貸借対照表
資産の部
（流動資産）
現金・預金
受取手形
（固定資産）
建物
機械
資産合計
```

```
BALANCE SHEET
Asset
(Current Assets)
Cash and Deposits 15
Note Receivable   25
(Fixed Assets)
Building          25
Machinery         15
Total Asset       80
```

勘定科目が各国の言語にあらかじめ翻訳されているので、表示言語の切り替えが可能

3-5 決算情報の収集・加工・分析

　これまで述べたように、XBRLで作成された財務情報は、デジタルデータとして、そのまま流通させることができます。また、財務情報をパソコン上で収集・加工・分析するときの煩雑な作業はすべてコンピュータがやってくれます。

　複数の企業の「売上高」を比較するとき、今までは企業ごと・事業年度ごとに公開された各社の財務諸表の「売上高」の数字を抜き出して、表計算ソフトに手入力しなければなりませんでした。ところが、XBRL化した財務情報であれば、ダウンロードしたデータを簡単に表計算ソフトに取り込むことができます。同一企業の数字を過去何年か分に遡って比較したり、同業他社の数字や業界平均値と比較したい場合、「売上高総利益率」などの各種分析指標の計算もすべてコンピュータが自動的にやってくれます。

　たとえば、上場企業の「売上ランキング」や「ROE（株主資本利益率）ランキング」などを作成するときも、大量の情報を瞬時に分析することができます。

　また、これまでは財務情報の収集には手間とコストがかかり、インターネット上で発表されるすべての企業の財務情報を分析することは非常に困難でした。証券アナリストなどのプロでも、カバーしきれる範囲は限られていました。

　ところが、XBRLが導入されてからは、投資情報収集の手間が省け、本来の分析に多くの時間を割けられるようになりました。たとえば、金融庁の「EDINET」や東京証券取引所の「TDnet」からの大量の情報に支えられた高度で綿密な分析が可能になりました。

第3章 XBRL 7つの魅力

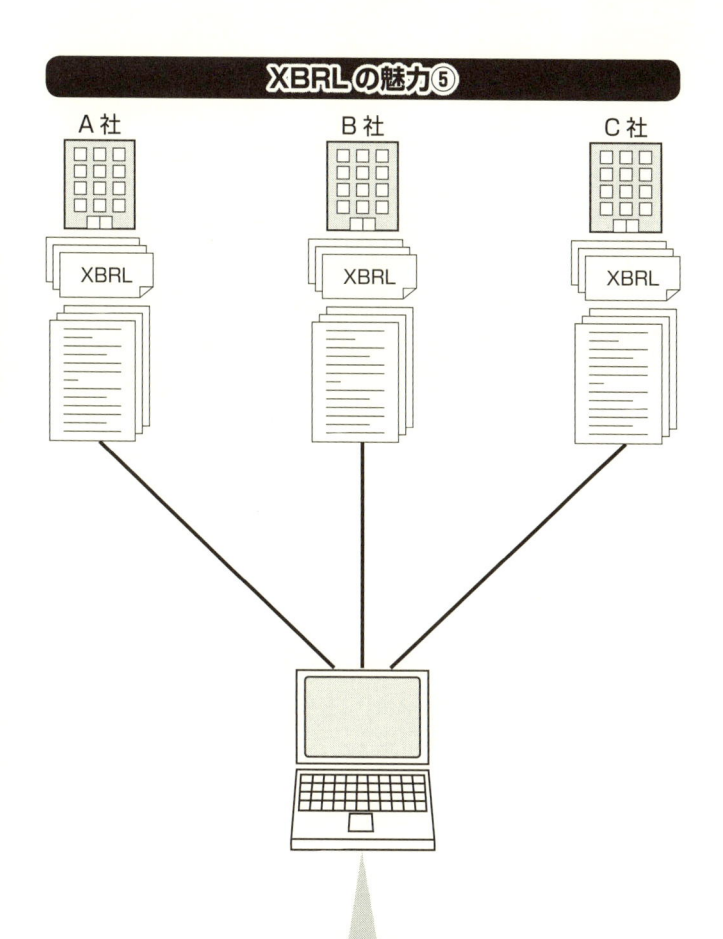

XBRLの魅力⑤

A社 B社 C社

XBRL XBRL XBRL

以下のような加工や分析が簡単にできる
・同一企業の業績の経年比較
・他社との業績比較
・ランキング（売上高、ROEなど）

3-6 アウトプットの形を選ばない

　企業の財務諸表の作成・提出・開示は、税法や会社法、金融商品取引法などの法律に基づいて行われます。
①税法上の財務諸表……法人税等の税務申告時に提出されます。
②会社法上の財務諸表……企業の所有者たる株主に対する説明責任（アカウンタビリティ）を果たすために作られます。株主総会での承認が必要であり、その後決算公告として一般に公開されます。
③金融商品取引法上の財務諸表……投資家保護の目的で作成されます。企業の他の情報とともに有価証券報告書にまとめられ、一般に開示されます。
　このほか、上場企業の場合は、各証券取引所の開示規制が適用されます。
　企業は、以上のような様々な法律や証券取引所の開示規則に応じて、複数の決算報告を作らなければなりません。しかし、提出先ごとに決算報告のフォーマットや記載内容は異なるため、一件一件手計算で集計し直したり、フォーマットに合わせて入力するという手間が必要でした。
　しかし、XBRL化した財務情報であれば、目的に応じて様々な形態に加工することが容易です。必要項目を選択することで、各種報告書のフォーマットに合わせて出力したり、他のデータ形式（例　社内分析用にエクセル形式に変換、ウェブ上でのIR情報提供用にHTMLファイル作成、会議資料用にPDFファイル作成）に変換することも、コンピュータが自動で処理してくれます。

第3章 XBRL 7つの魅力

XBRLの魅力⑥

一度XBRL化された財務情報は、目的に応じてさまざまな形に加工し、アウトプットできる

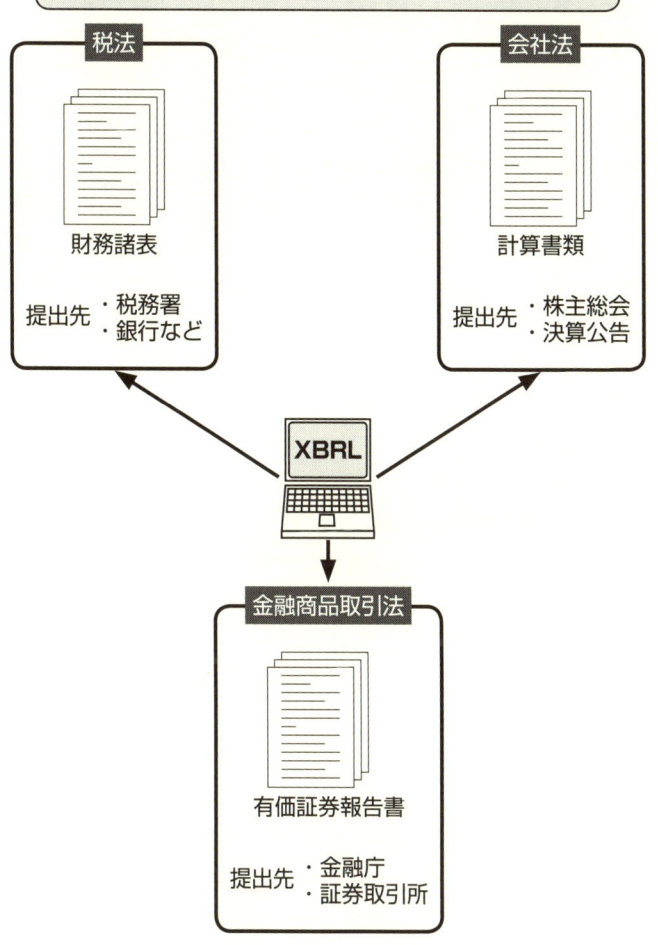

税法

財務諸表

提出先：・税務署
　　　　・銀行など

会社法

計算書類

提出先：・株主総会
　　　　・決算公告

XBRL

金融商品取引法

有価証券報告書

提出先：・金融庁
　　　　・証券取引所

3-7 国際標準の技術

　企業が多額のコストを投じて、新しいシステムや規格を導入する際、それが実用的であるということは当然ですが、それ以上にこれからの時代は、それが国際標準や業界標準になるのかどうかの見極めが重要です。

　XBRLの開発と普及を進めている「XBRLインターナショナル」は関係機関や団体、民間企業から構成される国際的な非営利組織です。国際会計基準を設定する「国際会計基準審議会（IASB）」が正会員として加わっているほか、各国の公認会計士協会を中心に、各国の中央銀行や証券取引所など企業経営に強い影響力を持つ団体をはじめ、情報ベンダーやITベンダーなどの民間企業・業界団体が参加しています。現在世界40カ国以上、550社を超える参加企業・団体によって、開発や普及の活動がグローバルに行われています（参加国は次ページの図を参照）。

　世界各国の金融監督機関や税務当局もXBRLの実用に向けてさまざまな活動を行っています。また、証券取引所や金融機関など、膨大な量の企業の決算情報を扱う団体も本格的にXBRLの採用を始めています。今後XBRLが、財務諸表の電子開示における国際標準の地位を獲得することになるのは間違いありません。

　もっとも、現時点で個々の企業がXBRLを使った財務諸表を作成することは義務化されていないので、導入は経営者の判断に委ねられています。しかし、今後財務情報のやり取りの多くがXBRL化されるということを考慮すれば、確実に導入の時期が来ていると言っても過言ではありません。

第3章 XBRL 7つの魅力

XBRLの魅力⑦

XBRL インターナショナル加盟国・団体

◆正会員
オーストラリア、ベルギー、カナダ、デンマーク、フランス、ドイツ、ISB（国際会計基準審議会）、アイルランド、日本、韓国、オランダ、スペイン、スウェーデン、イギリス、アメリカ

◆準会員
OCEG（Open Compliance & Ethics Group）、RIXML（Research Information eXchange Markup Language）、中国、イタリア、ルクセンブルグ、ポーランド、南アフリカ、スイス、UAE（アラブ首長国連邦）

◆関心を表明している国々
アルゼンチン、チリ、コロンビア、ブラジル、ギリシャ、インド、シンガポール、インドネシア、マレーシア、タイほか

(XBRL FACTBOOK より)

国際標準技術として世界で浸透中

第4章

XBRLのメリット

4-1 XBRL 利用者のメリット①
行政のメリット

　近年「電子政府」という言葉をよく耳にします。これは、紙ベースの行政書類や市民からの申請書類をすべて電子データ化して、情報のやり取りを円滑にしようというもので、各省庁で積極的に行われています。

　また、行政で使うデータの大半は文書であり、行政文書には「30年間の保存義務」がありますが、XMLを使えば将来的に問題なく保存・管理ができるので、総務省や特許庁、いくつかの県庁ではXML仕様が採用されています。

　今後、この電子政府が全国的に普及すれば、国と企業と個人を結ぶネットワークがさらに広がり、互換性のあるXMLデータが一般化するのは時間の問題です。また、電子政府構想は世界的な動きとなっており、XMLを活用したデータの標準化が進めば、XMLデータによる情報のやり取りがさらにグローバルになっていきます。

　さて、XBRLの採用が行政側で進んでいる理由として、提出する報告書のフォーマットやデータ形式を行政側で決めることができるという点が挙げられます。監督機関から「提出書類のフォーマットはこれです」と指定された以上、企業としては従うほかありません。また、勘定科目の表記にしても、「共通のタクソノミーとして、これを使いなさい」と言われれば、それを利用するしかありません。

　XBRLは、民間から行政へのデータの流れだけでなく、行政同士のデータ交換にも効果を発揮します。今後ますますXBRLの応用は進んでいくでしょう。

第4章 XBRLのメリット

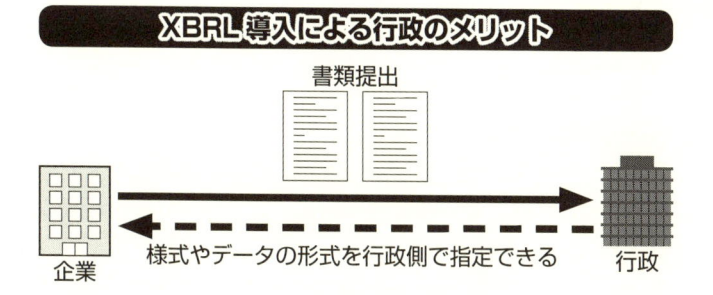

XBRL導入による行政のメリット

書類提出

様式やデータの形式を行政側で指定できる

企業　　　　　　　　　　　　　　　　行政

> XBRLの採用が行政で進められている背景には、企業から提出させる書類の様式やデータ形式を行政側で決められる点が挙げられます

4-2 XBRL利用者のメリット②
税理士のメリット

多くの企業では、納税申告は会計ソフトから出たデータをもとに税理士が作成した紙のデータ（これ自体は専用ソフトで印刷されます）を、税務署に提出しています。また、税務署では提出された資料を職員が一件一件手作業で処理を行っているのが実情です。

国税庁では、2003年7月に電子政府の促進を目指すIT戦略本部の決定を受け、2004年3月から名古屋地区でXBRLによる法人税申告が始まりました。このシステムは「e-Tax」と呼ばれ、企業が社内のパソコンから申告や申請を送信できるようになっただけでなく、銀行や税務署の窓口に納付書を持参しなければならなかった納付手続きも、パソコンを利用して行うことができるようになりました。このことによって、企業側の処理効率が向上しただけでなく、これまで手作業で行われていた国税側のデータ入力も自動化されました。

税法はほぼ毎年改正されるため、税理士の負担が重いのですが、「e-Tax」では共通のタクソノミーが用意されており、メンテナンスは国税サイドがやってくれるので、このような負担は軽減されます。

また、顧問として企業が税理士に会計帳簿の作成を依頼する場合、企業側が内部会計用のXBRL GLを導入することで、税理士の負担をさらに軽減することができます。

税理士の事務作業が大幅に軽減された結果、企業にとっても税務相談や税務コンサルティングにより重点を置いてもらえるようになるなどのメリットが生まれます。

第4章 XBRL のメリット

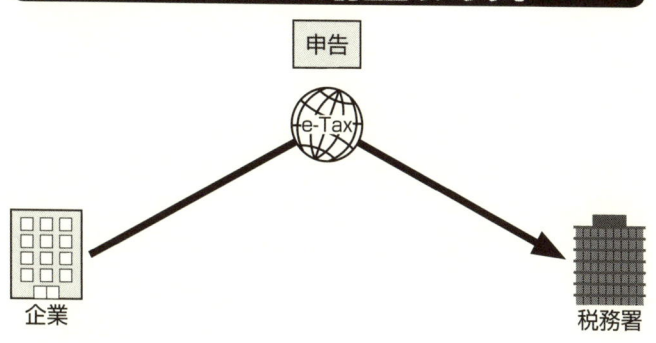

XBRL 導入による税理士のメリット

申告

e-Tax

企業 → 税務署

> e-TAX は正式名称を「国税電子申告・納税システム」といい、開始届出書の提出と専用ソフトをインストールすることで利用が可能です

4-3 XBRL利用者のメリット③
公認会計士のメリット

　XBRLは、もともと「米国公認会計士協会(AICPA)」が開発したもので、1998年に同協会に所属するチャールズ・ホフマン氏が、従来方法による財務情報の電子化の不便な点を解消するために発案したことをきっかけに生まれました。日本では2001年4月に「日本公認会計士協会」を中心として「XBRL JAPAN」が発足し、日本の制度や市場において必要な仕様の開発や普及啓蒙に乗り出しています。

　公認会計士は、会社法や金融商品取引法などで監査を受けることが義務づけられている企業に対して、会計監査を行います。財務情報は株価など企業価値を大きく左右する要因になるので、公認会計士は財務諸表が適正に作成されているかどうかを精査した上で監査報告書を作成します。

　公認会計士が、顧客企業からXBRL形式の財務情報をインターネット経由で入手することができれば、監査に必要なデータの集計・分析業務の手間を大幅に軽減することができます。今までは紙の財務諸表を受け取り、それを手作業で集計したり、コンピュータに入力するなどの手間が必要でした。

　企業活動のグローバル化や、取引や処理の複雑化が進む中、監査業務の合理化と適正化は企業はもちろん、公認会計士にとっても、大きな課題です。開示する情報の信頼性が低下するようなことがあってはなりません。

　会計基準の国際統一が進められている中、XBRLによる財務情報の提供の意義は大きいと言えます。公認会計士が、質の高い監査業務を提供することを市場は期待しているのです。

第4章　XBRL のメリット

XBRL 導入による公認会計士のメリット

財務諸表をインターネットで提供

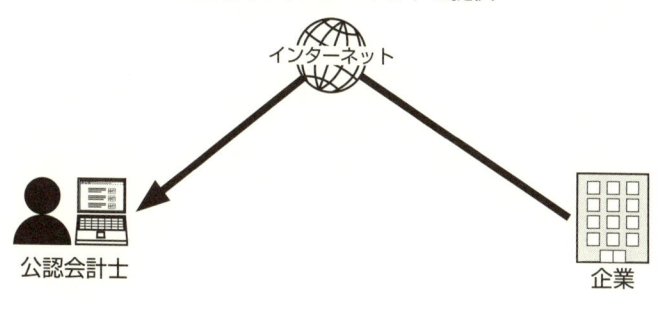

インターネット

公認会計士

企業

> 企業の粉飾決算などを防ぐために、監査を行う公認会計士の役割は大きくなっています。XBRL の導入はその意味でも意義があるのです

4-4 XBRL利用者のメリット④
金融機関のメリット

　金融業はお金にまつわる「情報ビジネス」であると考えることができます。お金にまつわる情報は「取引情報」と「出し手や借り手に関する情報（財務情報などの意思決定に必要な情報）」とに分けることができます。

　効率的な情報管理は、「取引情報」の分野から着手されました。それは業務のコンピュータ化であり、メッセージング等の業界標準策定なども含まれます。近年では、金融取引の開始時点から決済まで一元的な処理を行うSTP（ストレート・スルー・プロセッシング）を行うことが金融機関のリスク管理にとって重要になってきています。

　STPの概念が導入され新たに意識され始めたのが、信用情報など意思決定に必要な「出し手や借り手に関する情報」の効率化です。そして、インターネットの普及によって、意思決定に必要な「財務情報」の効率的な管理手段として注目を浴びるようになったのが「XBRL」なのです。

　金融機関は、融資後も企業の財務状況を絶えず把握することで、返済遅延や貸倒れのリスクを監督します。したがって、金融機関がXBRL化された財務諸表を企業から受け取ることができれば、データをそのまま審査業務に活用できるだけでなく、e-Taxの共通タクソノミーによって勘定科目の標準化が図られているため、勘定科目の集約作業を大幅に軽減できます。その結果、金融機関はより多くの企業の融資審査への対応が可能となり、スピードアップによる情報の陳腐化防止と与信の安全性向上をというメリットもあります。

第4章　XBRLのメリット

XBRL導入による金融機関のメリット

メリット
- 企業から提供された財務データをそのまま審査業務に活用できる
- 勘定科目の集約作業を大幅に短縮することができる

> 金融機関はお金にまつわる、ありとあらゆる情報が集まる場所です。XBRLの導入は業務の効率化や情報管理で不可欠と言えるでしょう

4-5 XBRL 利用者のメリット⑤
信用調査会社のメリット

　一般に企業は東京商工リサーチや帝国データバンクといった信用調査会社から信用リスク情報を入手します。信用リスク情報は、企業の与信管理に広く利用されています。

　与信管理とは、取引先の経営の悪化や倒産で売掛金などの債権が未回収になることを防ぐため、相手の倒産危険度に応じて売掛金残高をコントロールすることを言います。つまり、取引先ごとに売掛金の与信枠を設定し、リスクの低い企業であれば大きな枠を、反対にリスクの高い企業は小さな枠を、というようにリスク管理をするわけです。

　信用調査会社は、何百万社もの膨大な数の企業情報を集めて、整理・分類し、独自の評価を加えて、顧客企業に提供します。その内訳は、企業概要や沿革、株主や取締役の構成、取引先、系列企業、資金状況、不動産登記など多岐にわたりますが、財務情報は最も重要な情報の一つです。そして、これらの情報を XBRL 形式のデータに自動変換して提供するサービスを一部の信用調査会社がスタートさせています。

　たとえば、東京商工リサーチは、企業財務情報を XBRL 化し、「XBRL に基づく企業情報セット XBIS®」(XBRL-based Business Information Set の略) を開発し、利用者の用途に合わせて必要な情報を利用できるようにしています。また、帝国データバンクは、上場・非上場合わせて 60 万社超の財務データを、XBRL 仕様で提供できる環境を構築しており、日本の企業が作成するあらゆる決算書を XBRL 仕様 (XBRLSpecification) で提供することが可能としています。

第4章 XBRLのメリット

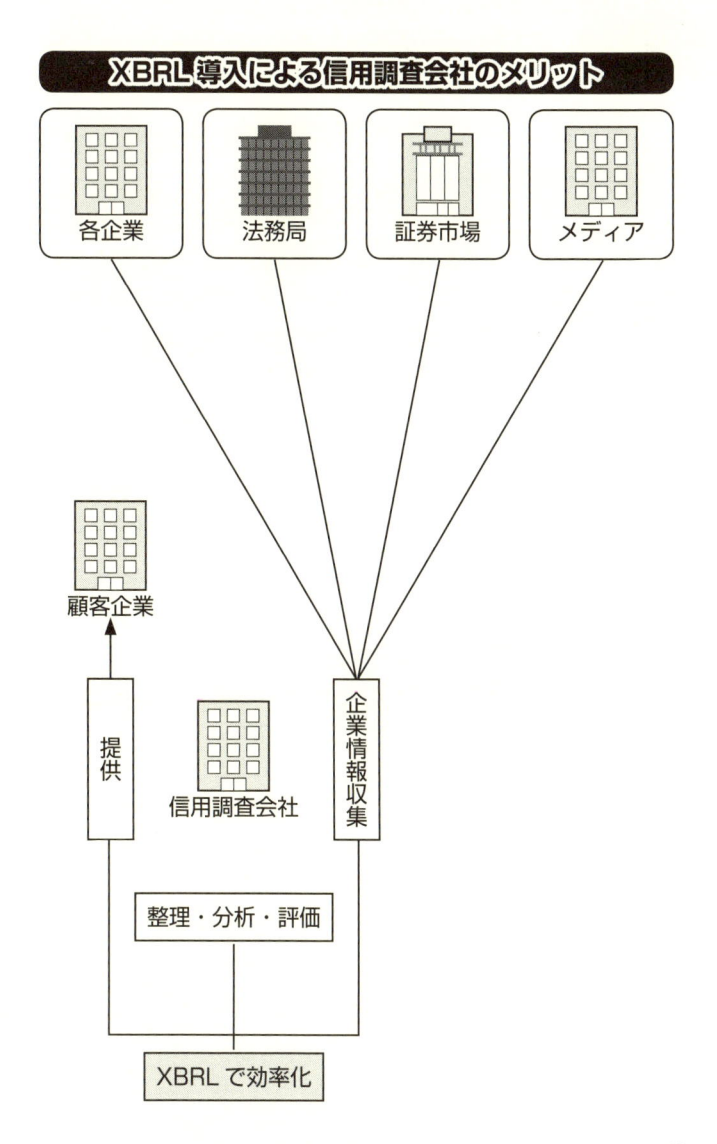

XBRL導入による信用調査会社のメリット

各企業　法務局　証券市場　メディア

企業情報収集

顧客企業

提供

信用調査会社

整理・分析・評価

XBRLで効率化

4-6 XBRL 利用者のメリット⑥
アナリストのメリット

　金融機関のアナリストにとっても、XBRL の登場は大きなメリットをもたらします。

　たとえば、XBRL 化された企業の財務情報は、データのまま分析ソフトに取り込むことが可能なので、これまで入力作業に要した膨大な時間が不要となります。同時に、開示形式も標準化されるので、情報の比較可能性も向上します。

　以上のメリットにより、アナリストは本来注力すべき分析業務により多くの時間を充てることができるようになりました。この結果、分析精度と分析結果の信頼性の向上が期待されます。また、大量の情報を瞬時かつ自動的に処理できるようになるため、これまで利用が少なかった情報も分析対象となり、より広範な分析がされるようになるでしょう。

　その一方、XBRL 化された財務諸表はインターネットを通じて、一般投資家にも同じように入手が容易となります。簡単な分析なら自分でやってしまう人も出てくるでしょう。

　したがって、アナリストをはじめ企業情報の収集・分析・レポートに従事している人たちは、これまで以上に付加価値の高い情報を発信していく必要が生じます。一般投資家には不可能な、プロならではの高品質な分析を提供していく必要があるのです。

　XBRL の登場により、プロと一般投資家の情報格差はぐっと縮まります。プロのアナリストであっても、提供する情報の質が低ければ、仕事にならないどころか、職を失うことにもなりかねない時代になっていくのです。

第4章 XBRLのメリット

XBRL導入によるアナリストのメリット

メリット
- ・情報収集にともなう膨大な事務作業が不要になる
- ・情報の比較可能性が向上する

> XBRLの普及で最も大きな影響を受けるのは金融機関のアナリストとも言われています。個人投資家との情報格差が縮まるからです

4-7 XBRL 利用者のメリット⑦
投資家のメリット

　財務情報に XBRL が導入されることにより、財務情報の主な利用者である投資家や財務情報の作成者である上場企業、さらには財務情報の提出機関である証券取引所等において、次のような効果が発揮されることが期待されています。

　財務情報を利用する場合、今までは PDF や HTML 形式等で提供された財務情報を改めてデータ入力し、それを確認する作業が必要でした。その確認作業に、投資家や投資家に情報を提供する情報ベンダーは、多くのコストと時間を費やしていました。また、財務情報を情報ベンダー等から購入する場合でも、ベンダー等が実施したデータ入力・確認等の費用を間接的に負担することとなります。

　しかし、XBRL 形式により提供される財務情報は、財務情報を構成するそれぞれの数値情報に、システムを自動的に認識するタグが設定されているため、情報を改めて入力する作業が不要となります。したがって、投資家等の利用者は XBRL 形式により提供された財務情報をそのまま表計算ソフトに取り込んで、迅速に分析や加工を行うことが可能となります。

　このように、XBRL によって、公開されている企業の財務情報を誰でも自由にダウンロードし、分析の専門知識がなくても、過去の数字との増減や同業他社との比較などを検討することができます。使い勝手のよい分析ソフトが登場すれば、財務諸表の分析を投資判断に役立てる個人投資家が増えてくるでしょう。XBRL は、企業の実態を反映した投資活動が増えてくるきっかけとなるでしょう。

第4章 XBRLのメリット

XBRL導入による投資家のメリット

メリット
- ・データの再入力、確認作業がなくなる
- ・情報をそのまま取り込んで、分析や加工を行うことができる

> XBRLの登場は投資家全般の利益にかなうと言えます。さまざまな財務データをそのままソフトに取り込んで分析や加工ができるからです

4-8 XBRL 利用者のメリット⑧
情報ベンダーのメリット

　いわゆる投資情報サイトを運営したり、投資情報に関する新聞や雑誌を発行する企業は、あらゆる上場企業の情報を網羅して発信しなくてはならないのは言うまでもないことです。

　もっとも、約4000社にも上る全上場企業の財務諸表をすべて揃えて、しかも連結決算と単独決算の2つの数字を年間4回すべて入力しなくてはならないのですから、作業量は並大抵ではありません。文字の誤入力や誤変換などのミスも起こりやすくなり、チェックおよび修正に要する作業の時間とコストもばかになりません。

　しかし、XBRLの登場により、情報ベンダーの業務も激変します。情報作成のスピードは格段に上がり、膨大な入力作業がなくなるため、時間・コストも大幅に削減できます。その一方で、生データは誰でも入手できるようになるので、財務諸表の数字そのものに商品価値はなくなります。したがって、より付加価値の高い情報を提供する必要があるのです。

　また、競合企業の数が増えてくることが予想されます。決算情報の収集を誰でも簡単にできるようになるため、それを加工して、自分なりに分析したレポートを発行するなどの商売を始める個人投資家も出てくるでしょう。

　そのほか、すでにIT企業と情報ベンダー企業の協業なども行われてきています。財務報告用情報の標準言語XBRL関連ソリューションの日本市場向けの提供において、今後、競争が激しくなってくるでしょう。XBRLにより、ビジネス参入の壁が下がっているのです。

第4章　XBRLのメリット

XBRL導入による情報ベンダーのメリット

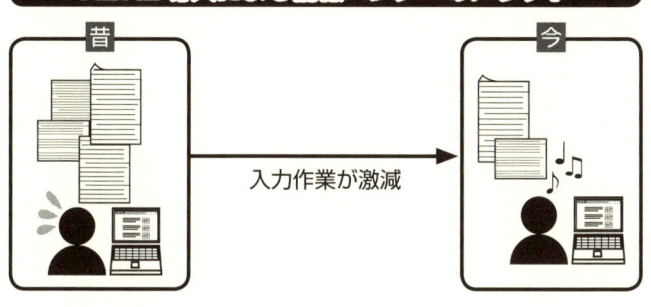

昔 → 今

入力作業が激減

> XBRLの登場で、企業情報を扱う情報ベンダーの業務も効率が上がります。しかし一方でより高付加価値の情報を求められることにもなるのです

4-9 XBRL 利用者のメリット⑨
ITベンダーのメリット

　XBRLは、特定のシステムやアプリケーションに依存するコンピュータ言語ではありません。しかし、対応ソフトを必要とするため、システムやソフトウェアの開発に携わる企業にとって、大きなビジネスチャンスになっています。

　たとえば、XBRLで財務データを作成する企業を対象に、従来のERPパッケージや会計ソフトをXBRL対応させたり、既存システムやデータベースに蓄積された情報をXBRL形式に自動変換するソフト、古い仕様のデータを最新の仕様にバージョンアップするソフト、タグを意識せずにXBRL文書を作成できるソフト、経営分析のためのソフト等が登場しています。そして、これらのソフトを組み合わせて、システムソリューションとして提供するベンダーもあります。

　実際の例としては、日本オラクルが、自社のデータベース製品を活用するユーザー企業がXBRLによって財務情報を開示できるようにするために、財務データをXBRL形式で出力する機能を構築する開発キット「XBRL Report」をISV（独立系ソフトウェアベンダー）向けに配布し、住商情報システムが開発しています。

　また、投資家やアナリストなどの財務情報の提供者に対しては、XBRLを編集するためのソフト、決算情報を比較・分析するためのソフト、エクセルやHTML、PDFなどの他のファイルに変換するためのソフトの提供も進むでしょう。

　そのほか、インターネット上で各種の分析作業を行うことができるWebサービスも盛んになってくると思われます。

第4章 XBRLのメリット

XBRL導入によるITベンダーのメリット

需要拡大

- 企業で使用される会計システムのXBRL対応
- XBRL文書の作成用アプリケーションソフトの販売
- 既存の蓄積データのXBRL化
- XBRLのバージョンアップ化
- XBRL文書の閲覧、加工、集計用アプリケーションソフトの販売

4-10 XBRL導入企業のメリット①
スピーディな意思決定

　現時点でXBRLは、財務情報の利用者である投資家や金融機関、行政、ならびにシステムやソフトを開発するベンダーのメリットが強調されている一方、情報を提供する側、つまり財務情報を作成する企業側のメリットはさほど喧伝されておらず、企業側の関心はそれほど高くないのが実情です。

　そこで、本項ではXBRLを社内システムに導入した際に実現する様々なメリットを紹介します。

　1つめのメリットは「意思決定のスピードアップ」です。全世界からあらゆる情報が刻々とリアルタイムで伝わる現代において、経営環境の変化の速さに対応するためには、経営者自身の意思決定のスピードアップが不可欠です。これを支えるのはリアルタイムの状況把握にほかなりません。

　そこで、XBRLを自社の内部会計システムに導入し、異なるシステム間のデータ連動を自動化すれば、財務情報のリアルタイムの把握が可能となり、自社の資金繰りの状況が一目で把握することができます。その結果、事業の見通しも早くなり、より適切でタイムリーな経営戦略・財務戦略の策定が可能になります。

　また、有価証券報告書や商法決算公告、税務申告用財務諸表などの財務報告を行うための「XBRL FR」と、勘定科目や仕訳データ、勘定残高などを報告するための「XBRL GL」をリンクさせることで、さらに詳細な分析も可能となります。そのほか、趨勢比較・同業他社との対比・経営指標の計算など、情報の加工・分析もXBRLでは簡単にできるので、全体としてより迅速な意思決定が可能になります。

第4章　XBRLのメリット

XBRLによるスピーディな意思決定

迅速な意思決定

↓ XBRLが実現

リアルタイムの情報把握

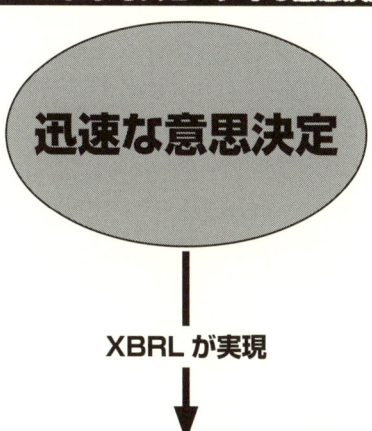

> 迅速な意思決定にはリアルタイムの情報把握が不可欠です。XBRLの導入はこの部分にも大きな威力を発揮します

4-11 XBRL 導入企業のメリット②
連結決算処理の自動化

　１つの企業内に、複数の異なるシステムが併用されている場合、データの受け渡しに XBRL を利用すれば、データの統合・集計作業を完全に自動化することができます。

　このデータの受け渡しは、部門別や業務別に開発された社内システムに限らず、連結子会社とのデータのやり取りも対象となります。連結決算処理は、相互に互換性がないシステムがいくつもある場合、国内外の子会社からのデータを統合するだけで大変な負担を強いられる作業です。途中に手作業が入ってしまえば、検証や確認作業も必要となります。

　しかし、XBRL を導入した場合、各社のデータさえ揃えば、決算処理を瞬時にすませることができます。すべてコンピュータによる自動化なので、100 社でも 200 社でも簡単に決算処理ができるのです。したがって、連結子会社を多く抱えた大企業ほど、XBRL の導入効果は絶大と言えるでしょう。

　このように、XBRL では決算処理が大幅にスピードアップするので、四半期決算や月次決算も連結ベースで出せるようになります。

　現在は、合併や買収の増加により、関連会社であっても異なった会計システムを使用しているケースも多くあります。しかし、統合する企業の会計システムが XBRL 形式でデータ管理されれば、会計システム統合の手間を軽減することができます。

　特に、事業構成や商品構成が多岐にわたる大企業では、世界や市場の動き、自社の事業領域の商品別の動きが瞬時にわかるようになることも、非常に大きな意味があるはずです。

第4章　XBRLのメリット

XBRLによる連結決算処理の自動化

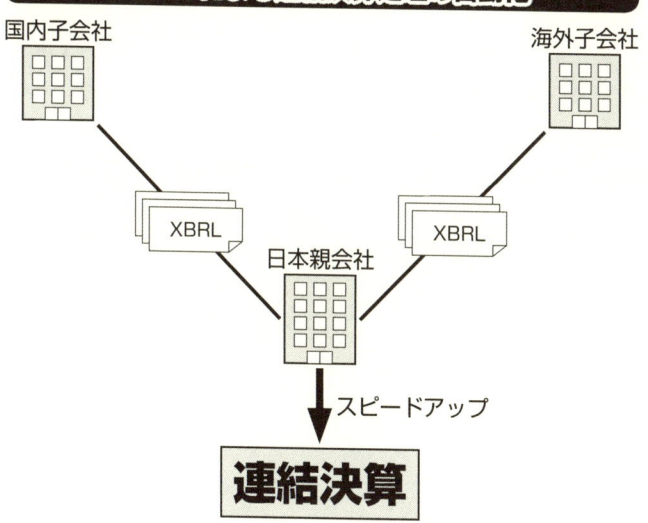

国内子会社 → XBRL → 日本親会社 ← XBRL ← 海外子会社

↓ スピードアップ

連結決算

> XBRLは異なる会計システムが使用されている同一企業グループ内の連結決算処理にも大きな威力を発揮します

4-12 XBRL 導入企業のメリット③
情報開示の多様化

　金融商品取引法の施行により、2008年4月以降、上場企業には四半期報告書の開示が義務となり、これまで以上に迅速な情報開示（ディスクロージャー）が求められています。XBRLの導入で連結決算処理を大幅に効率化すれば、短期間で四半期報告書の作成や決算日から決算発表までの日数短縮が可能となるため、投資家に対して迅速な情報開示を行うことが可能になるでしょう。

　投資家は、「決算情報」という「過去」の数字をベースに、現在の投資先あるいは今後投資を検討している企業の「将来」を予測します。経営者も同じように「過去」の数字をベースに経営戦略を立案しますが、経営者の持っている非財務情報（客単価や売場別の売上高などの重要情報）を一般の投資家が入手することはまず不可能と言えるでしょう。

　しかし、中には自ら積極的に非財務情報をディスクロージャーし、投資家に自社の実態をさらに知ってもらうことで、経営者と投資家が同じ方向を見られるようにしている企業も存在します。このような企業は、適正な株価の形成が企業価値向上に繋がることを理解していると言えるでしょう。

　アメリカの公認会計士協会が中心となって設立されたEBR（Enhanced Business Reporting）コンソーシアムは、EBRフレームワーク2.0を公表し、ブランドや知的財産などの無形資産をはじめ、事業の利益モデルといった「非財務情報」も対象に、企業開示の新しい枠組みについて提案しています。EBRは、XBRLで記述されることが前提となっており、すでにXBRLのタクソノミーが開発されています。

第4章 XBRLのメリット

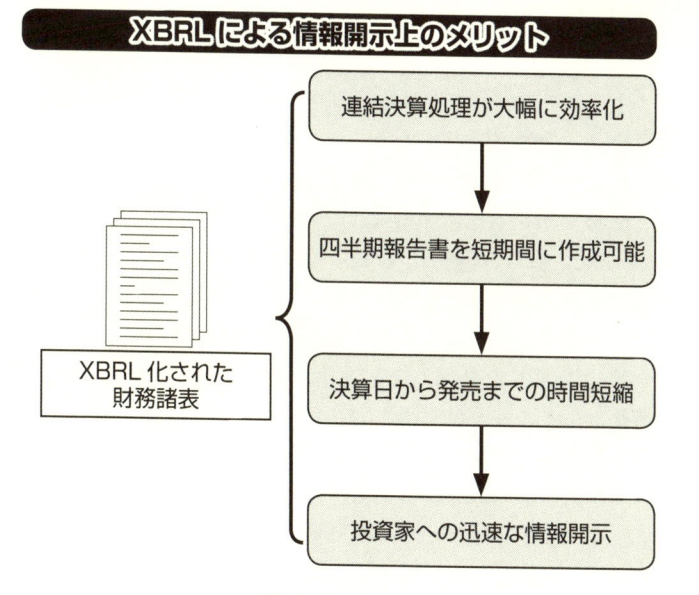

XBRLによる情報開示上のメリット

XBRL化された財務諸表

- 連結決算処理が大幅に効率化
- 四半期報告書を短期間に作成可能
- 決算日から発売までの時間短縮
- 投資家への迅速な情報開示

> XBRLの直接的なメリットは作業の省力化やスピードアップにありますが、最終的には情報の信頼性向上につながることが重要です

4-13 XBRL 導入企業のメリット④
効率アップとコストダウン

　企業は、財務諸表をはじめとする様々な報告書や法定開示資料などの外部提出書類をつくるほか、取締役会や経営会議資料などで使うための内部報告資料を大量に作成します。

　財務情報を XBRL 化すれば、様々な形式で出力できるため、報告書ごとに個別に行わなければならなかった面倒な入力・集計作業がなくなり、各種報告書の作成業務は大幅に効率アップすることになります。また、内部システムのデータ交換に XBRL を採用した場合も、帳票レベルで入力された情報は、その後一度も再入力されずにシステム間を移動していくため、大幅な効率アップが期待できるでしょう。

　別個に設計された会計システムは、互換性がないため、通常はそのままではデータの受け渡しを行うことができません。しかし、XBRL GL を使えば、複数のシステムから上がってきた仕訳データを自動的に１つの総勘定元帳にまとめることができるので、データ移動時の再入力、再集計といった非効率的な作業がなくなります。このように、XBRL は、単なる財務データの電子化ではなく、財務情報のサプライチェーンを、分析・加工や再利用に関わる業界の横断的な情報インフラとして構築するので、コストダウン効果があるのです。

　たとえば、仕入などですでに XML 系の情報をやり取りしていた場合、XBRL GL により、その情報を会計システムに取り込み、サプライチェーンと会計システムの連携をスムーズにすることが可能です。これにより、会計情報に係る業務プロセス作業が短縮され、大幅なコストダウンが実現します。

第4章　XBRLのメリット

XBRLによる効率アップ

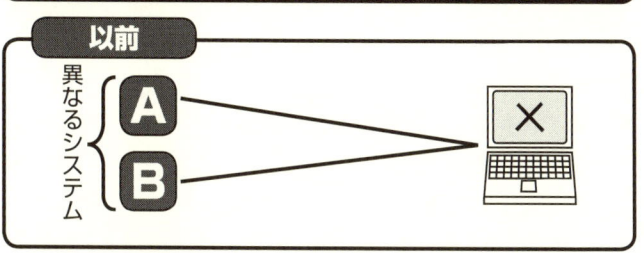

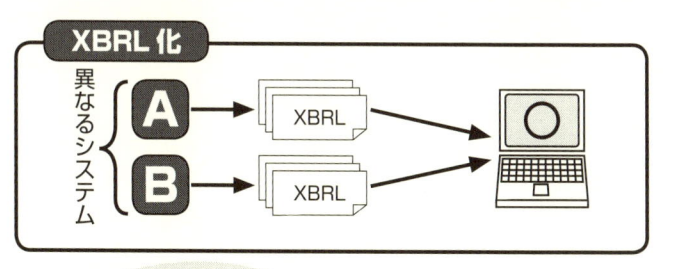

以前

異なるシステム A / B → ✗

XBRL化

異なるシステム A → XBRL → ○
異なるシステム B → XBRL → ○

> XBRLを利用すれば、異なる会計システムで作られた企業同士のデータも再入力や再集計することなしに分析や加工ができるようになります

4-14 XBRL導入企業のメリット⑤
内部統制システムへの応用

　XBRLが注目を集めることになったきっかけの1つに、2001年のエンロン事件に代表される企業財務情報や監査に対するアメリカの会計不祥事があります。同事件で損なわれた資本市場の信頼を回復させるために、企業の内部統制の強化や監査法人の役割の見直し等を定めたのがサーバンス・オクスレー法（SOX法）ですが、XBRLは一連の過程で財務報告を電子的に表現し、検証・分析作業をコンピュータ化するための技術として米国公認会計士協会が開発を支援したものです。その後、四大会計事務所が関与することによって標準化活動が開始され、現在アメリカでは、金融監督と電子開示の2つの分野でXBRLの普及に取り組んでいます。

　一方、日本でも、2003年4月、ソニーが連結決算で大幅な赤字を発表し、株価が急落した影響で、株式市場全体が暴落しました。同社の経営企画部門と経理部門が持っていた数字に食い違い、すなわちマネジメント体制の不備が原因とされ、その結果として、違法行為や不正を逃さず財務諸表の正しさを保証するために、2008年4月以降、上場企業は内部統制報告書の提出が義務づけられることになりました。

　XBRL化された財務データは再入力の必要がないため、人為的な操作の余地が少なく、不正やミスなどの可能性が減り、情報の信頼性は確実に向上します。また、XBRL GLでは、個々のデータに取引を実行・承認・記帳した社員名や、証憑書類番号、保管場所などの情報を持たせることができます。すべてのデータが相互に関連づけられているので、内部統制が確実に機能していることを証明することができるわけです。

第4章 XBRLのメリット

XBRLの内部統制システムへの応用

業務システム群

XBRL　XBRL　XBRL

データ交換時に人手が介入しないので、不正やミスが入る余地が少なくなる

内部会計

個々の仕訳データにはその取引を実行・承認・記帳した社員名などの情報がつくので、内部統制の証明になる

XBRL

個々の勘定科目は1枚の伝票までさかのぼって確認できるので、不正やミスを発見したらすぐに対抗できる

財務会計

第5章

申告とXBRL

5-1 電子申告①
電子申告の必要性

　近年パソコンやインターネットの普及拡大に伴い、社会全体の情報化及びペーパーレス化が急速に進展しています。このような状況に対応して、現在、政府全体として電子政府の実現に向けた各種の取組が行われています。

　国税庁は、情報化に対応して納税者の利便性の向上を図っていくため、インターネット上でのタックスアンサーの利用、帳簿書類の電子データによる保存制度の導入、会社事業概況書のフロッピーディスクによる提出など、納税者との情報のやりとりに係る分野に重点を置いて様々な対応を行ってきていますが、さらに進んで、納税申告を電子データの形で可能とする電子申告を早急に実現することに取り組んでいます。

　電子申告導入の目的は、従来の納税申告書を税務署への持参または郵送により提出する申告方法に加え、申告内容を電子データの形でオンラインで送信するという、より簡便な申告方法の選択肢を納税者に提供することにあります。したがって、電子申告は所得計算を含む納税者における申告に要する手間や時間などの申告手続負担を可能な限り軽減し、納税者の利便性の向上に資するものでなければなりません。

　電子申告で国民や企業が受ける利便性の向上は大きなものがあると考えられます。具体的には、以下の2つです。
①税務計算の自動化
②自宅や会社からインターネットで申告が可能

　また、申告書を受け取る税務署にとっても、書面処理の省力化による事務効率化や、電子申告データの多角的分析・活用などの税務行政の高度化というメリットがあります。

第5章　申告とXBRL

電子申告のメリット

- 役所に行く時間、郵送する時間、書類の作成時間の削減
- 国（国税庁・税務署）が推進に非常に力を入れているため、紙申告より印象がいい
- 還付金が早い
- 添付書類の一部が不要になる
- 労力と時間コストの無駄を排除できる
- 税務書類に押印をもらわなくても、税務署に書類を提出できる
- システム稼働時間内ならいつでも利用可能

電子申告メリット

電子申告は納税者の利便性向上に資することを主目的としていますが、同時に行政側の事務効率向上という側面も併せ持っています

5-2 電子申告②
電子申告の運用手順

電子申告は以下のような手順で運用されます。

【事前申請】

所轄税務署に「電子申告等開始届出書」(各税務署窓口及び国税庁ホームページから入手可能) を書面提出。後日、「利用者識別番号」と「仮暗証番号」が送られてくる。

【本人認証】

「利用者識別番号」と「仮暗証番号」を用いて、国税庁の受付システムにログイン。「仮暗証番号」の変更を行う (納税者のみが知り得る番号に変更することにより、第三者が申告等データを確認することができないようにするため)。

【申告等データ作成】

国税庁が提供する電子申告用ソフトウェア、あるいは市販の電子申告対応の申告用ソフトにより、所得税や法人税等の申告データを作成。

【申告等データ送信】

作成データを電子署名及び電子証明書を添付 (データ作成者が納税者本人かどうかの確認と、納税者本人以外の人のデータ不正変更防止のため) して受付システムに送信。なお、第三者作成の証明書 (保険料控除証明書、医療費の領収書等) は、別途郵送となっている。

【申告等データ受信確認通知】

受信確認通知を受付システムから受け取る。「即時通知」「受信通知」の2つがあり、前者は正常受信かどうかの結果と受付番号・受付日時などが通知され、後者は申告等データの内容確認結果が通知される。

第5章 申告とXBRL

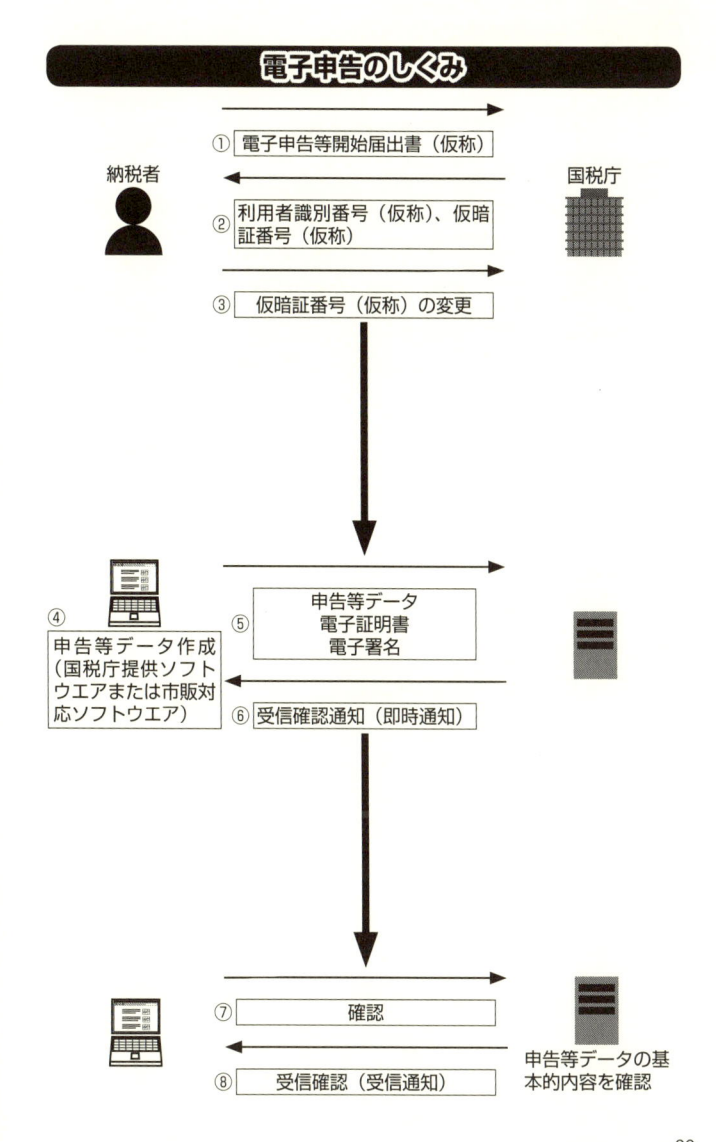

電子申告のしくみ

納税者 → 国税庁

① 電子申告等開始届出書（仮称）

② 利用者識別番号（仮称）、仮暗証番号（仮称）

③ 仮暗証番号（仮称）の変更

④ 申告等データ作成（国税庁提供ソフトウエアまたは市販対応ソフトウエア）

⑤ 申告等データ 電子証明書 電子署名

⑥ 受信確認通知（即時通知）

⑦ 確認

申告等データの基本的内容を確認

⑧ 受信確認（受信通知）

5-3 電子申告③
電子申告の問題点

電子申告の問題としては、以下のような点が挙げられます。

①電子申告手続に係る法体系と評価

国税の電子申告手続に係る法体系は、行政手続オンライン化法と国税関係電子手続省令から成っています。行政手続オンライン化法は、国民へのわかりやすさ、制度改正の容易さ等から通則法方式が採用されたものですが、国税に関する手続については、納税申告が自己の租税債務を明らかにするという不利益を生じさせるという点において、通常の申請や届出とは異なり、納税申告を中心とした国税関係の手続を比較的単純な申請、許可等を前提とした法律によって律することには無理があり、なじませんでした。

②納税申告書の提出の問題

第三者作成の添付書類について、書類の原本の改ざんが容易なことから、現行のe‐Taxにおいて、別途郵送等の方法により現物を提出することはやむを得ない措置ですが、利用者の利便性を後退させる面があるのも否めないところです。このような問題に対処する見地からも所得税法における所得控除等の制度の整理・簡素化が進められる必要があります。

③納税申告の代理の問題

電子手続を代理で行う場合、代理権限を証する書面の添付や提示を求めることは、第三者作成の添付書類と同様の問題を惹起する可能性があります。また、将来的に電子署名等を要件とする際も、代理による納税申告書の提出に求められる納税者本人に係る電子署名等の欠けつは、税理士の電子署名等があれば、手続自体は有効と解すべきでしょう。

第5章　申告とXBRL

なりすましと改ざん

なりすまし→電子証明書で対応

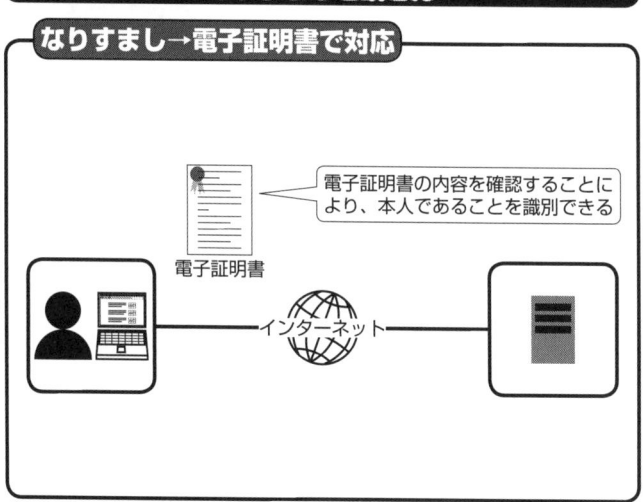

電子証明書の内容を確認することにより、本人であることを識別できる

電子証明書

インターネット

改ざん→電子署名で対応

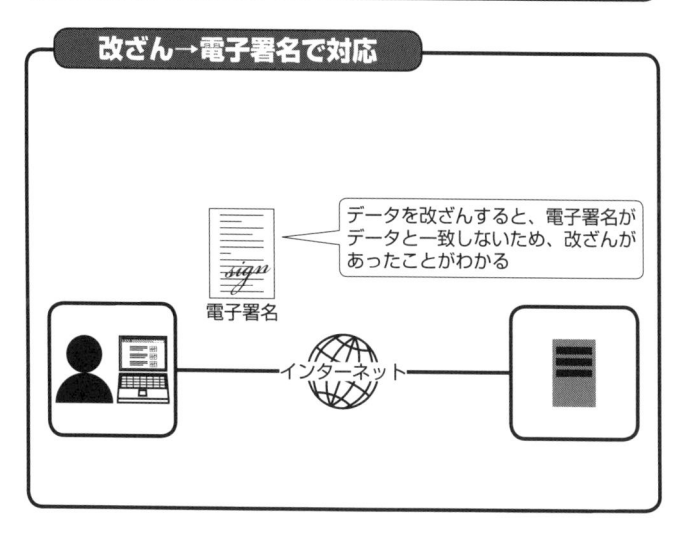

データを改ざんすると、電子署名がデータと一致しないため、改ざんがあったことがわかる

電子署名

インターネット

5-4 電子申告におけるXBRLの役割①
電子申告で利用できる申告手続

電子申告では、法人税、所得税、消費税について、下記のような総勢申告手続を行うことができます。

①法人税
- 普通法人の申告（青色または白色）
- 公益法人の申告（青色または白色）
- 特定医療法人の申告
- 予定申告
- 特定信託の各計算期間の所得にかかる申告（青色または白色）
- 特定信託に係る予定申告
- 清算事業年度予納申告（青色または白色）
- 残余財産分配予納及び清算確定申告（青色または白色）
- 退職年金等積立金に係る申告

②所得税
- 所得税申告（申告所得が、給与所得・雑所得・配当所得・一時所得のみで、予定納税のない人用）
- 所得税申告（上記に該当しない人用）

③消費税
- 消費税及び地方消費税申告（一般用＜個人または法人＞）
- 消費税及び地方消費税申告（簡易課税用＜個人または法人＞）
- 消費税及び地方消費税申告（個人または法人）

第5章 申告とXBRL

電子申告可能な税金

法人税
・普通法人の申告(青色または白色)
・公益法人の申告(青色または白色)特定医療法人の予定申告
・特定信託の各計算期間の所得にかかる申告(青色または白色)
・特定信託に係る予定申告
・清算事業年度予定申告(青色または白色)
・残余財産分配予納及び清算確定申告(青色または白色)
・退職年金等積立金に係る申告

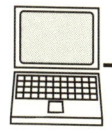

所得税
・所得税申告(申告所得が給与所得・雑所得・配当所得・一時所得のみで、予定納税のない人用)
・所得税申告(上記に該当しない人用)

消費税
・消費税及び地方消費税申告(一般用〈個人または法人〉)
・消費税及び地方消費税申告(簡易課税用〈個人または法人〉)
・消費税及び地方消費税申告(個人または法人)

5-5 電子申告における XBRL の役割②
申告送信データの構造

　申告等データはXML形式で記述されています。下記で送信される申告等データがどのような構造で記述されているのかを見ていきましょう。

①手続部分：「②管理用部分」「③内容部分」が記述され、この部分の内容が、納税者の申告等データになる

②管理用部分：申告等データ全体の情報や、「③内容部分」の③－１ＩＴ部～③－５送付書部までの構造が記述される

③内容部分：納税者が税務署に提出している申告等のデータが記述される。内容部分は、以下の５つに分類されている

③－１．ＩＴ部：各帳票に共通に記入される納税者氏名・所在地などが記述される

③－２．帳票個別部：各申告書の金額などのデータが記述される。法人税申告書の「別表一（一）」の各項目やその他の申告に必要になる別表の各項目データ及び「勘定科目内訳明細書」や「法人事業概況書」などの帳票データも記述される

③－３．第三者作成の証明書等添付書類部：
・税理士法33条の2第2項に規定する添付書類
・税理士法33条の2第1項に規定する添付書類
・税務代理権限証書

③－４．ＸＢＲＬ部：「貸借対照表」「損益計算書（製造原価報告書等を含む）」「損益金の処分表」

③－５．送付書部：別途送付する送付書類のデータを記述

④XML署名部分：電子署名を付与することにより作成されるメッセージ・ダイジェストの内容が記述される

第5章 申告とXBRL

申告送信データの構造

```
< ?xml version=" 1.0" encoding=" UTF-8" ? >
< DATA id=" DATA" >
```

`<手続きID VR=" 1.0id=" 手続きID" >`	①手続き部分
`< CATALOG id=" CATALOG" >` `< /CATALOG >`	②管理用部分
`< CONTENTS id=" contents" >`	③内容部分
`< IT VR=" 1.0" id=" IT" >` `< /IT >`	③-1．IT部

`<様式ID VR=" 1.0" page=" 1" id=" id" >`
`　<様式識別ID page=" 1" >`
`< / 様式ID >`
`< TEK000 VR=" 1.0" page=" 1" fid=" 様式ID" id=" id" >`
`< /TEKooo >`
	③-2．帳票個別部

`< TENPU id=" TENPU" >` `< /TENPU >`	③-3．第三者作成の証明書等添付書類部
`< XBRL >` `< /XBRL >`	③-4．XBRL部
`< SOFUSHO fid=" 000" VR=" 1.0" …>` `< /SOFUSHO >`	③-5．送付書部
`< / 手続きID >`	
`< dsig:signature xmlns:dsi=" http://www.w3.org/2000/09/xmldsi#" >` `< /dsig:sognature >`	④XML署名部分

`< /DATA >`

5-6 電子申告におけるXBRLの役割③
XBRLが利用される理由

　電子申告においては、XML形式以外の電子データは取り扱えないようになっています。財務諸表データの記述言語としてXBRLが採用された理由には、以下のような点が挙げられます。

・XBRLは、各種財務諸表用の情報を作成・流通・利用できるように標準化されたXMLベースの言語であるため

・XBRLは、国税庁で指定するタクソノミー文書だけでなく、業種に対応したものから個別のものまで、様々なタクソノミー文書を作成できるため

・XBRLとして記述された財務情報は、XBRL文書をソースとして、それに対して必要な処理をすることで、財務情報を取得したり、分析・活用できるため。また、HTML・PDF・CSV、その他のXML形式など、ニーズに応じた様々な形で情報を利用することも可能であるため

　XBRLの利用で、企業は財務情報の提出先や目的ごとに対応しなければならない作業時間を大幅に節約できるようになりました。一方の国税庁も、各企業で異なるフォーマットで記されている財務情報を、わざわざ手作業で入力し直していた時間を削減でき、作業の効率化を実現することができます。また、データをそのまま使用できることから、両者にとっても記述や編集上のミスを軽減できるので、財務情報の信頼性を向上させることができます。

　以上のような理由から、XBRLは、納税者と国税庁の両者の利便性を同時に向上させるという電子申告の目的に合致するため、利用されるようになったのです。

第5章　申告とXBRL

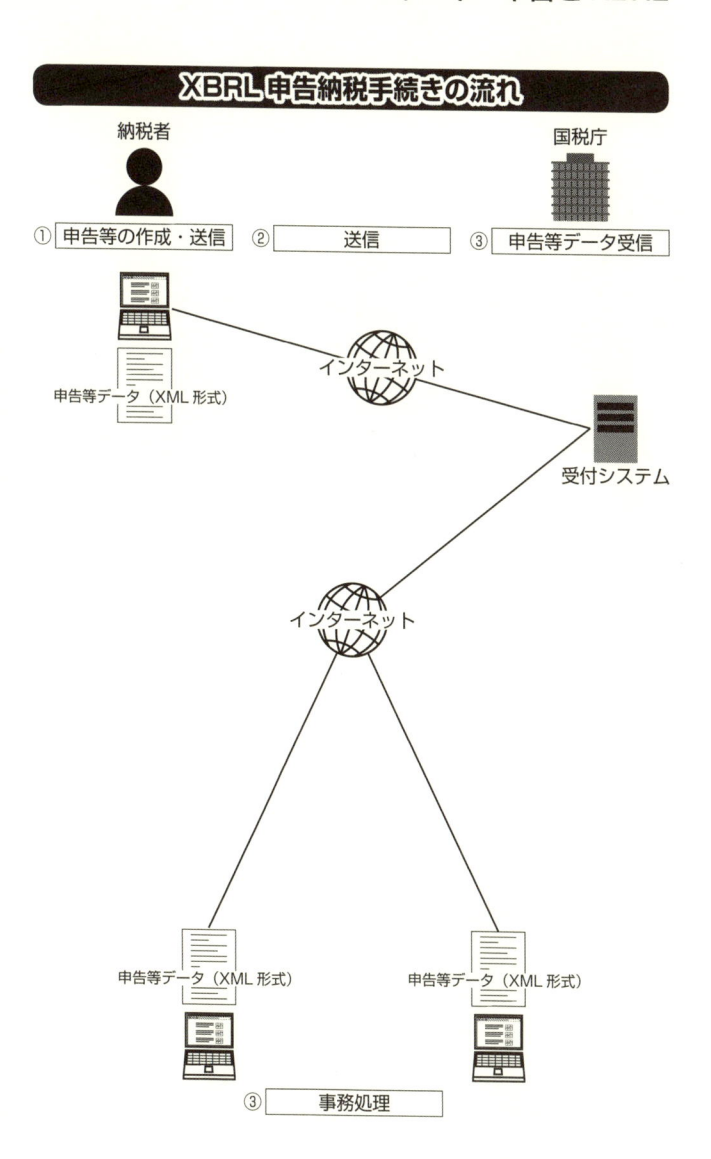

XBRL申告納税手続きの流れ

納税者 → 国税庁

① 申告等の作成・送信
② 送信
③ 申告等データ受信

申告等データ（XML形式）

インターネット

受付システム

インターネット

申告等データ（XML形式）　申告等データ（XML形式）

③ 事務処理

第6章

XBRL 導入

6-1 導入事例① 金融庁のEDINET

EDINETは、「金融商品取引法に基づく有価証券報告書等の開示書類に関する電子開示システム」のことで、インターネット上でも閲覧を可能とするものです。有価証券報告書等の提出会社はEDINETタクソノミーを使用し財務諸表等を作成することになっています。

平成21年3月9日、金融庁が発表した2009年版EDINETタクソノミーは以下のとおりです。

（1）EDINETタクソノミー
・財務諸表等規則、別記事業に係る会計規則、会計基準等の改正内容の反映
・開示実務において広く使用されている開示項目の追加
・現在のEDINETタクソノミの設定誤り等の修正

（2）XBRL作成ガイド
・外国会社等が外貨及び円貨を併記して開示する場合のXBRLデータの作成方法を追加
・インスタンス値の設定と表示リンク、計算リンク及びコンテキストの設定の整合性の記載を追加
・計算リンクに基づく計算結果整合性に関する記載を追加
・会計規則等に整合させるためのラベル追加の記載を追加
・中間、四半期又は連結等の財務諸表別のラベル設定の記載を追加
・インスタンス値のdecimals属性が同一となる範囲の記載を修正
・区分が異なる勘定科目を使用可能な場合の記載を追加
・その他、XBRLデータへの情報設定ルールの明確化

第6章　XBRL 導入

有価証券報告書の記載項目における XBRL 化の範囲

第一部
第5　【経理の状況】
　1　【連結財務諸表等】
　　（1）【連結財務諸表】
　　　① 【連結貸借対照表】
　　　② 【連結損益計算書】
　　　③ 【連結株主資本等変動計算書】
　　　④ 【連結キャッシュフロー計算書】
　　　⑤ 【連結附属明細書】
　　（2）【その他】
　2　【財務諸表】
　　（1）【財務諸表】
　　　① 【貸借貸借表】
　　　② 【損益計算書】
　　　③ 【株主資本等変動計算書】
　　　④ 【キャッシュフロー】
　　　⑤ 【附属明細書】
　　（2）【その他】

→ XBRL 化の範囲

出典：XBRL FACT BOOK (XBRL JAPAN)

EDINET において XBRL は 2008 年 4 月 1 日以降の事業年度から導入されており、有価証券報告書等提出会社は利用を義務づけられています

6-2 導入事例②
国税庁の e-Tax

　国税庁の e-Tax は、あらかじめ開始届出書を提出し、登録をしておけば、インターネットで国税に関する申告や納税、申請・届出などの手続ができるシステムです。所得税、法人税、消費税の申告はもちろん、酒税や印紙税の申告もできます。国税庁ホームページの「確定申告書等作成コーナー」で作成した申告用データを e-Tax へ送信することもできます。また、インターネットバンキングや ATM などを利用して、すべての税目の納税ができます。

　青色申告の承認申請、納税地の異動届、電子納税証明書の交付請求など、税務に関する申請・届出などの提出もできます。e-Tax は、納税者本人の他、税理士も利用することができます。申告書類を作成するソフトは、e-Tax のホームページからダウンロードできるほか、市販の税務会計ソフトも対応しています。また、源泉所得税の毎月納付や、消費税の中間申告・納付など、回数の多い手続には自宅やオフィスから申告・納税等ができます。

　受付システムの利用時間内ならば、税務署の閉庁時間でも時間を気にすることなく申告・納税などができます。

　XBRL 化の対象となっているのは、財務諸表（貸借対照表・損益計算書・損益金の処分表）です。利用する場合は、XBRL JAPAN のホームページから「税務申告用タクソノミ」をダウンロードすることができます。

　国税庁は、2007 年 9 月から、本人認証手続きの簡略化を行い、利用者の利便性を図っています。その効果もあって、e-Tax 利用者は増え続け、浸透しつつあります。

第6章　XBRL導入

国税庁のe-Tax画面

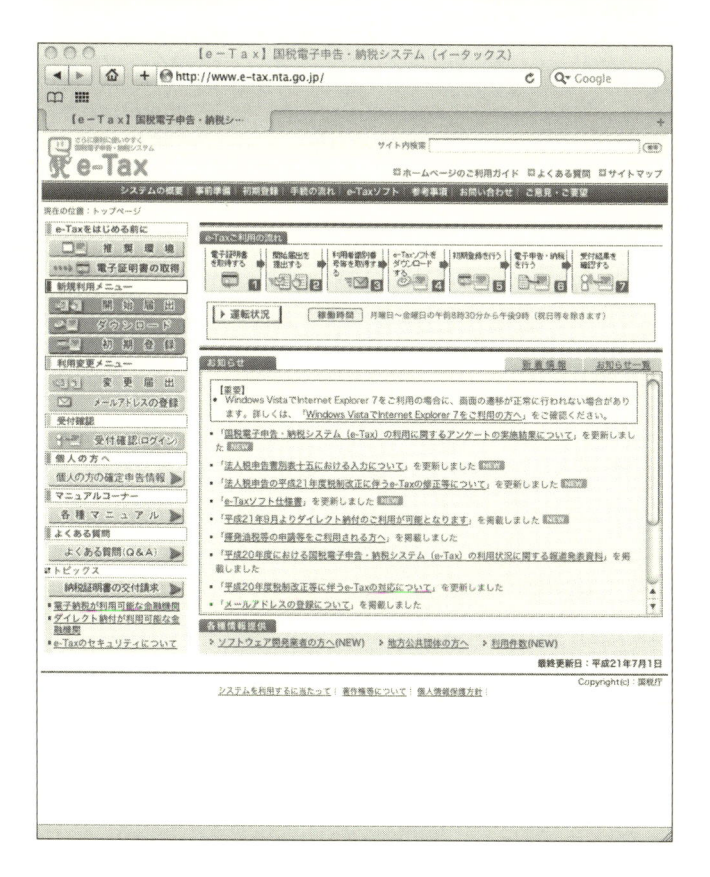

6-3 導入事例③
地方税ポータルサイトの eLTAX

　eLTAX とは、地方税ポータルシステムの呼称で、地方税の手続きを、インターネットを利用して電子的に行うシステムです。これまで地方税の諸手続きは、各地方公共団体で行う必要がありましたが、eLTAX により電子的な一つの窓口からそれぞれの地方公共団体に手続きできるようになりました。eLTAX は、地方公共団体で組織する「社団法人地方税電子化協議会」が運営しています。

　eLTAX で利用できる手続きは以下のとおりです。
電子申告：法人都道府県民税、法人事業税、地方法人特別税、法人市町村民税、個人住民税、固定資産税（償却資産）、事業所税、事業所税・事業所用家屋貸付
電子納税：法人都道府県民税、法人事業税、地方法人特別税、法人市町村民税、事業所税、個人住民税退職所得に係る納入申告、個人住民税（特別徴収）

　法人税関連の税目については、添付資料として、XBRL 形式の財務諸表を提出することができます。

　申告を受ける地方公共団体側は、送付された財務諸表を XBRL 表示ツールを使って確認します。利用者は、eLTAX ホームページから申告資料用のソフト「PCdesk」をダウンロードすることができます。また、市販の税務会計ソフトも eLTAX に対応しています。

　eLTAX 利用の流れは以下のとおりです。

　利用届出を行う→「手続き完了通知」を受け取る→ eLTAX 対応ソフトウェアの取得→暗証番号の変更→電子申告、電子納税、電子申請・届出を行う

第6章 XBRL導入

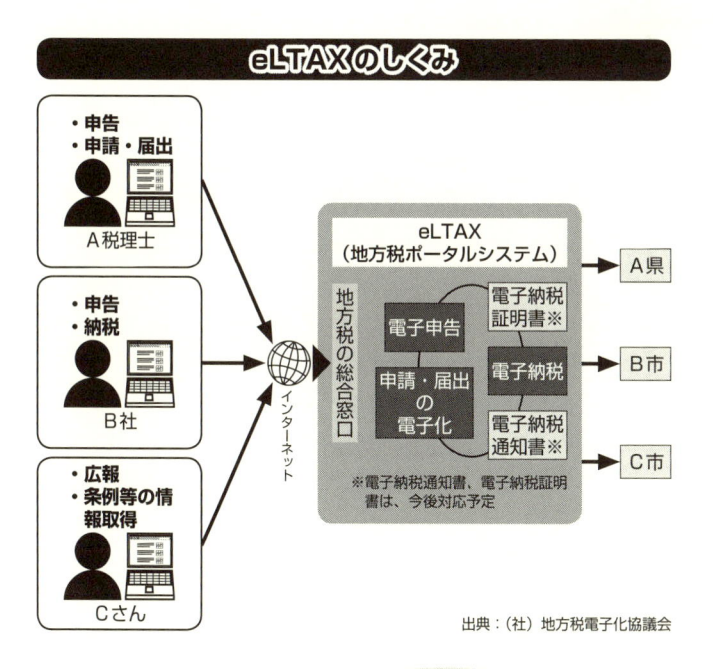

eLTAXのしくみ

- A税理士: 申告・申請・届出
- B社: 申告・納税
- Cさん: 広報・条例等の情報取得

↓ インターネット ↓

eLTAX（地方税ポータルシステム）
地方税の総合窓口
- 電子申告
- 申請・届出の電子化
- 電子納税証明書※
- 電子納税
- 電子納税通知書※

→ A県
→ B市
→ C市

※電子納税通知書、電子納税証明書は、今後対応予定

出典：(社)地方税電子化協議会

eLTAXは、「地方税ポータルシステム」の呼称であり、「エルタックス」と読みます。ここでもXBRLは広く利用されています

6-4 導入事例④
日本銀行の考査オンライン

　日本銀行は、金融システム安定化の目的で、銀行などの金融機関に立ち入り調査をしたり、定期的に財務情報の提出をさせるなど、金融機関の活動状況に常に目を光らせています。「金融システムの安定」とは、金融システムが正常に機能し、企業や国民などの利用者が安心して使用できる状態にあることをいいます。

　金融機関の経営状況が悪化すると、社会的・経済的な影響が大きいため、収益力や資金繰り状況、リスク管理の状況などを定期的にチェックし、経営実態を把握しているのです。

　考査オンラインは、2006年2月から約500の金融機関との間で、XBRL化された月次バランスシート（日計表）のデータを受け取るシステムです。XBRL導入に当たって、タクソノミーやXBRLデータの作成・読みとりツールは、すべて日銀が用意して、金融機関に無償で配布しています。

　日銀は、毎月膨大な量の報告を金融機関から受け取っていますが、XBRL化されたことで、事務負担が大幅に減少しました。同時に、XBRLを利用した自動エラーチェック機能を活用することによって、データの信頼性の向上も実現しています。

　企業業績が急速に悪化する中、企業再生支援の重要性が増しています。2009年度の考査では、企業再生支援を行うための体制整備に加え、企業の実態を十分に把握した上で、その実態に即した再生手法を講じているか、再生手法の多様化に努めているかなどについて検証や助言を行うことを決めています。

第6章 XBRL導入

日本銀行の考査オンラインのしくみ

タクソノミ・ライブラリ

日本銀行

金融機関

考査オンライン

2. 最新タクソノミ等のダウンロード
1. 最新タクソノミ等のダウンロード
4. XBRLファイルの送信
5. XBRLファイルのダウンロード

報告データ
XBRL

報告データ
XBRL

3. XBRLファイルの作成・エラーチェック・訂正

入力ツール

データの精度向上

データベース

データチェック

出典：日本銀行ホームページ

6-5 導入事例⑤
新銀行東京の電子融資申し込みシステム

　新銀行東京は、XBRLならびに前述のe‐Tax（国税庁主導の国税電子申告・納税システム）の申告データ等を活用した電子融資申し込みシステムを日立製作所と共同で開発し、インターネットを利用した「電子融資申し込みサービス」の提供を2006年に開始しています。これは、融資申し込み書類である「融資申し込みデータ（電子融資申込書）」ならびに電子データ化された企業の財務情報（「財務データ」）の授受にXBRL形式を採用（財務情報にはe‐Tax仕様を採用）し、実用化した世界で初めてのサービスです。

　このサービスは規模の小さな顧客を対象としていて、会計事務所や税務事務所が融資を受ける顧客の代行として、新銀行東京に融資を申し込みます。顧客は融資用のソフトをパソコンにインストールする必要があり、入力した内容がXBRL形式で会計事務所や税務事務所に送信されます。さらに、これらの事務所が融資に必要な財務データをXBRL形式で追加入力し、融資に必要なすべてのデータを新銀行東京へ代行して送ります。

　顧客のメリットは、融資申し込みのファーストコンタクトでの来店が不要となることにより、手軽に申し込めるほか、汎用的に経理事務の効率化が図れ、また、e‐Taxの普及を促進し、税務処理の効率化が図れるということです。

　具体的には、電子融資サービスを拡大し、債権譲渡登記・動産譲渡登記制度を利用し、企業の有する資産や債権に関する電子データを有効活用する新商品の開発など、企業の資金調達の円滑化・多様化ニーズに対応した提供をするようです。

第6章 XBRL導入

新銀行東京のXBRL電子融資申込サービス

企業 → E-mail → 会計事務所・税理士事務所 → 申込書送信 SOAP → 新銀行東京

企業側：融資申込書

会計事務所・税理士事務所：
- XBRL 納税証明書
- XBRL 納税申込書 財務情報
- XBRL 納税証明書

新銀行東京：
- XBRL 融資申込書
- XBRL 納税申込書 財務情報
- XBRL 納税証明書
- 電子署名検証

添付：
- 納税申込書 財務情報 XBRL（顧客企業の電子署名）
- 納税証明書 XBRL（国税庁の電子署名）

ダウンロード ← 国税庁

出典：日立製作所　ホームページ

6-6 導入事例⑥ 東京証券取引所のTDnet

　有価証券報告書などの法定開示義務とは別に、証券取引所の上場企業は、投資家の投資判断に影響を与える可能性のある情報の適時開示が義務づけられています。

　東京証券取引所のTDnetは、企業情報の広範かつ迅速な伝達を目的として構築され、1998年4月から稼働しています。上場企業が適時開示ルールに則って企業情報の開示を行うために使用するものです。上場企業は、自社で公開する資料をTDnetへ登録し、証券取引所の担当への説明を経た後、Webサイト上に公開されます。公開された資料はPDFファイル化され、開示日を含め約1ヶ月分の情報が「適時開示情報閲覧サービス」で閲覧可能。上場企業検索で上場企業ごとの開示情報を決算関係については過去5年分、決定事実・発生事実については1年分程度を閲覧することも可能、また、過去5年分のデータについては、TDnetデータベースサービスの利用により閲覧が可能となっています。

　TDnetで配信される適時開示情報のうち、決算短信のサマリー情報と基本財務諸表の部分ならびに業績・配当予想修正については、XBRL化されています。

　決算短信のサマリー情報には、その期の業績（売上高・営業利益・総資産・自己資本・営業キャッシュフローなど）と配当の状況、来期の業績予想（売上高・経常利益など）などがまとめられていますが、これらすべてをXBRLでダウンロード可能です。また、決算短信に添付される連結・個別財務諸表も、XBRL形式で入手できますが、これらXBRL形式で入手した数字の加工・分析は入手した側の自由です。

第6章 XBRL 導入

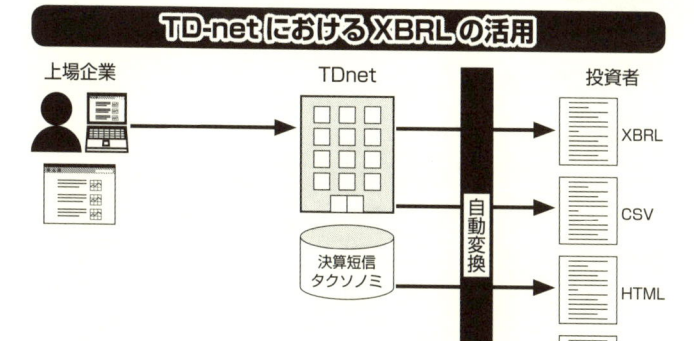

TD-net における XBRL の活用

上場企業 → TDnet（決算短信タクソノミ）→ 自動変換 → 投資者
- XBRL
- CSV
- HTML
- PDF

出典：東京証券取引所ホームページ

> TDnet は東京証券取引所が企業情報の適時開示を実現するために構築したシステムです。過去5年分の情報を閲覧することができます

6-7 導入事例⑦
帝国データバンクのXBRL出力システム

　帝国データバンクは、上場・非上場合わせて60万社超の財務データ（COSMOS1単独財務ファイル・連結財務ファイル）を、XBRL仕様で提供できる環境を構築しています。これにより、日本の企業が作成するあらゆる財務諸表をXBRL仕様で提供可能としています。

　企業が作成する財務諸表は、自社の状況をよりわかりやすく開示するために、各社独自の勘定科目を採用しており、数万種～数十万種の勘定科目が利用されています。独自に利用されている勘定科目は企業財務データの利用側である金融機関などにとって、入力処理の煩雑さやデータ処理の複雑化を招いています。XBRLはこういった問題の解決を期待されており、これをより利用しやすい形式にするため、帝国データバンクではあらゆる財務諸表を単独財務諸表で719科目、連結財務諸表で817科目に集約するシステムを構築し、財務データを提供しています。

　2004年2月、この帝国データバンク独自科目体系に集約された財務データをXBRLに変換するシステムが構築されました。これにより、日本のあらゆる企業の財務データが、一定のXBRLフォーマットで提供可能となり、同時に帝国データバンク保有データである非上場を含む60万社、360万期超の単独財務データ、3,700社、21,000期超の連結財務データをXBRL仕様で提供することが可能となっています。

第6章 XBRL 導入

帝国データバンクのXBRL出力システムのしくみ

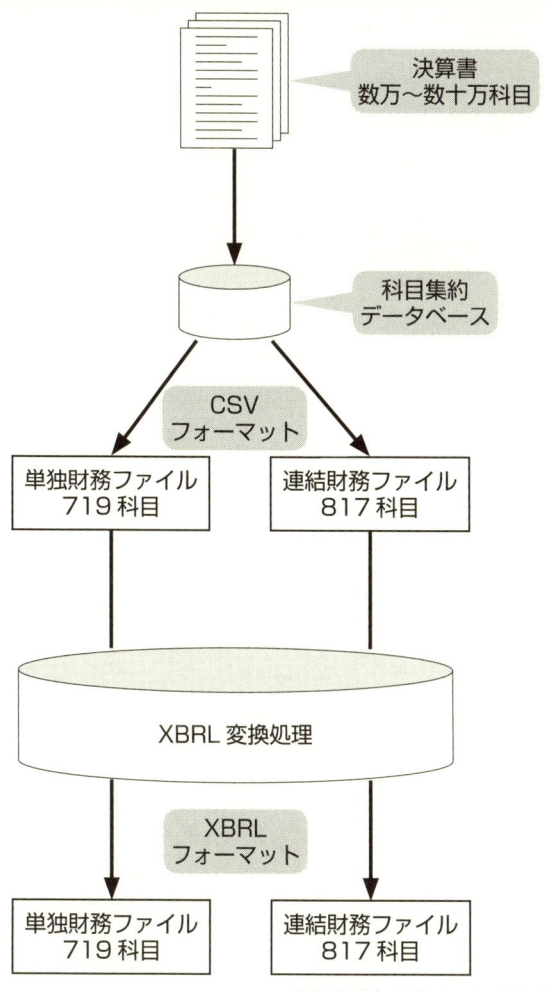

決算書
数万〜数十万科目

↓

科目集約
データベース

CSV フォーマット

↓

| 単独財務ファイル 719科目 | 連結財務ファイル 817科目 |

↓

XBRL 変換処理

XBRL フォーマット

↓

| 単独財務ファイル 719科目 | 連結財務ファイル 817科目 |

出典：帝国データバンク　ホームページ

6-8 導入事例⑧ NTTデータのZaimon

　NTTデータが運営する「Zaimon（財務情報流通ゲートウェイ）」は、有価証券報告書、決算短信、税務申告書などの企業の財務情報を、インターネットを介して、様々な利用者にワンストップで届けるASPサービスです。

　国税庁のe‒Taxや金融庁のEDINET、東証のTDnet、財務情報利用者である銀行や信用金庫、証券会社、投資顧問会社、機関投資家、情報ベンダー、リース会社等から入手できるXBRL形式の企業財務情報を、利用者が、高い信頼性のもとで安全かつ柔軟に加工しやすいデータとして、インターネットを介し、ワンストップで入手できる財務情報流通ゲートウェイサービスとして注目されています。

　「Zaimon」は、2つのステップに分けられます。1つは、「e‒Tax受付サービス」、もう1つは、「公開財務情報取得サービス」です。

　まず、「e‒Tax受付サービス」は、金融機関の融資業務のために、国税庁のe‒Taxから直接XBRL形式の税務申告データを取得し、利用者が使いやすいデータに変換して届けるサービスです。

　次に、「公開財務情報取得サービス」は、e‒TaxやEDINETで公開された企業の財務データを利用者に代わって取得・蓄積し、利用しやすい形に変換して提供します。

　「Zaimon」は、アーカイブ機能、コンバータ機能、データ表示・分析機能という3つの機能を提供し、XBRL形式のデータの特徴を引き出し、XBRLベースの情報を活用するためのインフラとして利用者を支援しています。

第6章 XBRL導入

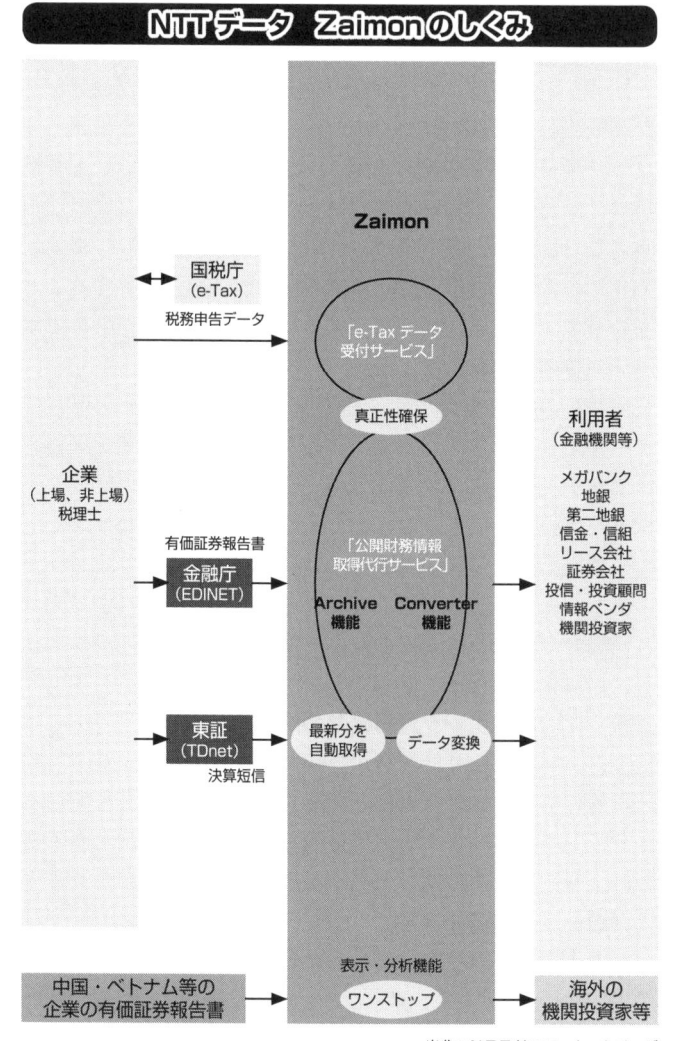

NTTデータ Zaimonのしくみ

企業
(上場、非上場)
税理士

国税庁
(e-Tax)
税務申告データ →

有価証券報告書
金融庁
(EDINET)

東証
(TDnet)
決算短信

Zaimon

「e-Tax データ受付サービス」
真正性確保

「公開財務情報取得代行サービス」
Archive機能　Converter機能

最新分を自動取得　データ変換

利用者
(金融機関等)

メガバンク
地銀
第二地銀
信金・信組
リース会社
証券会社
投信・投資顧問
情報ベンダ
機関投資家

中国・ベトナム等の企業の有価証券報告書 →
表示・分析機能
ワンストップ
→ 海外の機関投資家等

出典：NTTドコモ　ホームページ

6-9 導入戦略①
XBRL導入の狙い

　XBRLの利用は、単に財務データを電子化するだけでなく、財務情報のサプライチェーン全体にかかる横断的な情報インフラを構築することです。今後XBRLの普及がますます進めば、財務情報の利用者側に対してだけでなく、企業経理担当者など、財務情報の出し手側にも利益をもたらします。XBRLの本質的な狙いは、産業の構造変革をリードすることなのです。以下は、これをシステム面から整理したものです。

①データ連携の容易化
　XBRLの技術基盤が共通化され、タクソノミーを用いてデータ項目の相違を記述することができるので、インターネットを介したデータ連携が容易になります。これにより、様々な負担が軽減されたり、データ品質が向上します。

②一貫化によるシステム保守の効率化
　標準データで統一することにより、財務情報項目が拡張された場合でも、システムの変更を標準データの処理モジュールに局所化して行うことができます。

③統一化によるデータ分析精度の向上
　標準データにより財務情報を統一化することにより、財務分析等のデータ処理の精度を向上させることができます。また、インターネット上で入手可能な標準データが増大することにより、より広範囲のデータによる分析が可能になります。

④グローバル連携の容易化
　企業から世界の投資市場への財務情報の直接的な発信、金融機関や情報サービス機関による世界規模の財務情報の即時収集と評価が可能となります。

第6章 XBRL 導入

XBRL 導入目的

XBRLの導入

1. データ連携の容易化
2. 一貫化によるシステム保守の効率化
3. 統一化によるデータ分析精度の向上化
4. グローバル連携の容易化

> 企業の財務データの単なる電子化がXBRLの目的ではありません。財務情報の出し手と受け手を結ぶサプライチェーン構築が本当の目的なのです

6-10 導入戦略②
XBRL導入課題〜会計科目の相違〜

　日本における財務諸表作成の現状と、インターネット共有を実現する上での課題をこの項から3項にわたって記します。
　まずは、会計科目の相違は以下のとおりです。

①業種ごとの会計上の特徴
　製造業での「仕掛品」は建設業では「未成工事支出金」勘定を使い、「前受金」は「未成工事受入金」勘定を使っている。電力・ガス会社では、固定資産が豊富にあるため、多数詳細化され、流動資産より前に記載される

②各企業の固有科目
　企業は、経営の特徴を表すため、各社固有の科目を意識的に設定する場合がある

③会計方針の選択による差異
　たとえば、減価償却の記載方法の違いにより、減価償却を含む総額で表示するか、減価償却を含まない純額で表示するかにより異なる

④単純な単語の違いや表記の違い
　たとえば、「現金及び預金」の内容は同じでも、「現金および預金」「現金預金」「現金・預金」等表記の違いがある

⑤財務情報収集形式の違い
　金融機関では、会計科目を集約しデータベースを構築しているが、各機関ごとに集約科目は同じではない

　財務情報のシステム間連携を実現するには、上記のような科目の不一致に対しての対応を明確にし、連携時の科目の付け替えを行う必要があります。XBRLの普及により、会計科目の標準化も進行していくことでしょう。

第6章　XBRL導入

XBRL導入の課題①

会計科目の相違
- 業種ごとの会計上の特徴
- 各企業の固有項目
- 会計の方針の選択による差異
- 単純な単語の違いや表記のゆれ
- 財務情報収集形式の違い

> 企業や業界ごとに会計科目が異なるという問題は長い間の懸念事項でした。XBRLは会計科目の標準化に貢献するでしょう

6-11 導入戦略③
XBRL導入課題～基準・実務制約の違い～

日本における財務諸表作成の現状と、インターネット共有を実現する上での課題の2番目は以下のとおりです。

①国際的な会計基準の違い

会計基準は、国ごとに設定されていて、日本の監督官庁への提出は日本の会計基準が中心だが、海外に連結子会社を持つ企業は海外の国際基準への対応が必要となる場合がある。現在は、国際会計基準に従った連結決算書が増えてきている

②関係法令と運用の違い

決算公告は会社法に規定される書類だが、有価証券報告書は、証券取引法で規定される書類であり、納税申告は税法で規定されている。有価証券報告書は、上場企業のみが対象で100%実施されているが、決算公告は、株式会社の貸借対照表と会社法上の大会社の損益計算書が義務づけられているが、実際には開示していない企業も多数ある

③技術知識の有無

XBRLは、まだ会計業務に必要なIT製品全体に浸透しておらず、XBRL標準形式データを作成するには、専門技術者の支援や新技術を装備したツールの導入が必要となっている

④中小企業における実務的制約

中小企業では財務諸表を作成する知識と時間的余裕が不足しており、質の高い財務諸表の作成が実務上容易ではない

⑤公共機関からの開示の開始

公共機関では年度ごとの収入と支出のみが管理されてきた。最近では、財務諸表を公開する公共機関も増えてきたが、公共資産の計上など定式化されていない問題もある

第6章 XBRL導入

XBRL導入の課題②

基準・実務制約の違い
- 国際的な会計基準の相違
- 関係法令と運用の違い
- 技術知識の有無
- 中小企業における実務的制約
- 公共機関からの開示の開始

> 同じ財務諸表でも法令によって名前や提出義務の有無、細かな仕様、運用が異なるという問題があります

6-12 導入戦略④
XBRL導入課題〜作成・利用目的の違い〜

　日本における財務諸表作成の現状と、インターネット共有を実現する上での課題の3番目は以下のとおりです。

①作成・利用する人の職業による違い

　自社の経営管理、官庁への公開、監督もしくは企業評価など財務情報を扱う職業の違いにより、必要な情報の範囲や要求する精度なども異なる。財務情報の記帳、集計に関しては、要求される精度などによりかかるコストも異なる

②開示への考え方の違い

　情報はできるだけ開示したくないという考え方から、決算書の記載科目をなるべく少なくしようとする傾向があるが、利用側は企業情報の詳細まで知りたいため、記載科目が多い方がよい。そこで、それぞれの置かれている状況と経営者の判断により、科目数が適宜調整されることになる

③提出先以外秘密の慣行

　企業の決算情報は、上場企業を除いて秘密扱いが原則。金融機関が融資審査などで企業から入手した財務情報や税務署などの公共機関に提出されている財務情報も、それぞれ秘密扱いであり、流通させる制度はない。したがって、非上場の企業情報などは、公の場で他の企業と比較されることはない

　以上のような多様性を含む財務情報を処理する上では、共有化すべき科目と、個別的な科目或いは付属的な情報を分けて保持することが望ましく、XBRLのタクソノミー階層及びリンクベースを有効に用いることができます。

　中小企業金融を活発に進める手段として、XBRL普及とともに様々な運用法が考案・実用化されることが期待されます。

第6章 XBRL導入

XBRL導入の課題③

作成・利用の目的の違い
- ・作成・利用する人の職業による違い
- ・開示への考え方の違い
- ・提出先以外秘密の慣行

ここまで述べてきたさまざまな問題が日本における財務諸表作成の現状であり、また企業の財務情報のインターネット上の共有を阻んできたといえます

6-13 導入戦略⑤
XBRL 導入段階

1. **現状認識**
   - 転記・紙の郵送・保管等による高コスト
   - 郵送・入力データ確認等により業務日数が嵩む
   - 異なる財務データ群で統計・分析の精度が向上しない

2. **データ連携の先行実施と技術検証**
   - 特に課題の大きい業務システムを選択
     効果：局地的な再入力解消とデータ取得即時化が図れる
   - 先行的にデータ連携を開発し、技術検証をする
     ① XBRL データ交換の品質を確保
     ② XBRL データ交換性能・セキュリティのチェック
     効果：技術課題解決

3. **全社データ一貫システムの構築**
   - XBRL を介して現行財務データを相互に変換
   - 現行財務情報システム群を生かす
     効果：社内での再入力撲滅し、データ授受即時化と財務データ保守の効率化

4. **企業外と即時データ交換**
   - 他企業と XBRL 同士でデータ交換
   - XBRL によるデータ配信事業活発化で、実用性が高まる
     効果：財務データ入手の即時化とデータ入手経路拡大

5. **グローバル連携システムの再構築**
   - XBRL ベースの財務諸表情報処理機能
   - プロセスの明確化とワークフロー制御
     効果：データ処理精度向上、業務プロセス合理化、世界の最新データ処理サービスの導入の容易化

第6章 XBRL 導入

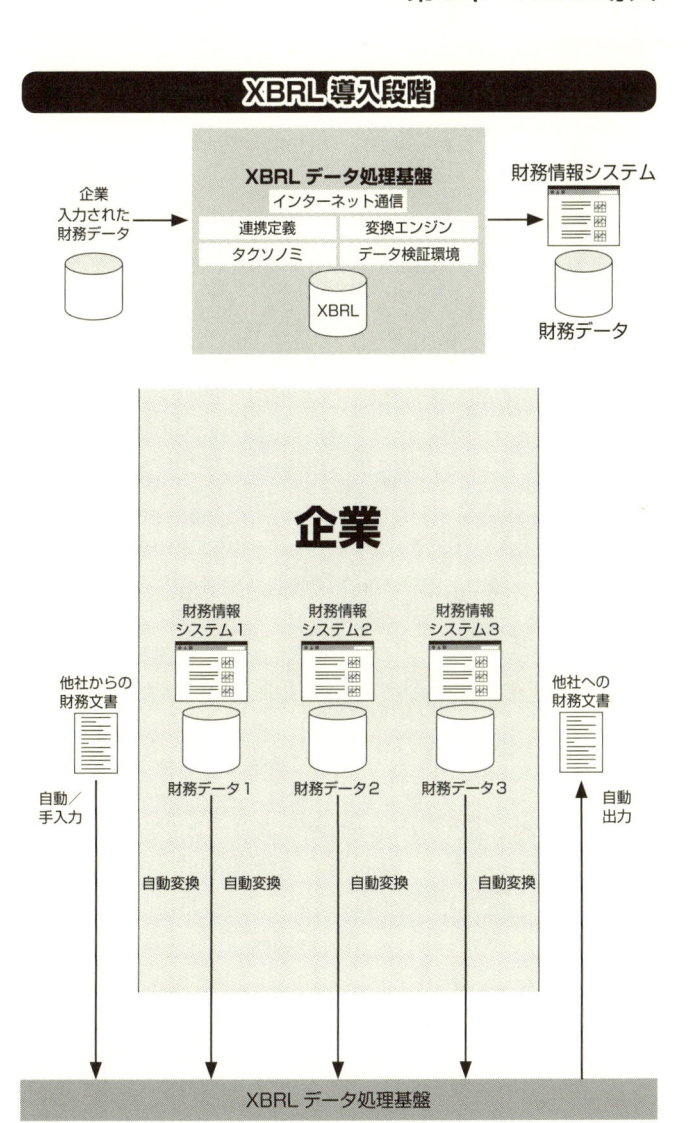

XBRL 導入段階

企業入力された財務データ → **XBRL データ処理基盤**
- インターネット通信
- 連携定義
- 変換エンジン
- タクソノミ
- データ検証環境
- XBRL

→ 財務情報システム / 財務データ

企業

- 財務情報システム1 → 財務データ1
- 財務情報システム2 → 財務データ2
- 財務情報システム3 → 財務データ3

他社からの財務文書 → 自動／手入力

他社への財務文書 ← 自動出力

自動変換 / 自動変換 / 自動変換 / 自動変換

XBRL データ処理基盤

第7章

XBRL 応用システム

7-1 XBRL財務情報システムの実用化①
上場企業データの配信システム

　XBRLデータの処理基盤を導入した例として日立ハイテクノロジーズの財務情報提供システムを紹介します。

　日立ハイテクノロジーズが開始した「XBRL財務情報提供サービス」では、国内の株式公開全企業約4500社の財務情報が、企業が公開した当日或は翌日までにインターネットからXBRL形式で提供されます。対象となるのは四半期決算短信（貸借対照表、損益計算書、キャッシュフロー計算書など）や有価証券報告書、半期報告書など。全公開企業の財務情報がXBRL形式で提供されるサービスは、世界初です。

　「XBRL財務情報提供サービス」は、CSVによる各企業の財務諸表を勘定科目にマッピングし、XBRL形式あるいは顧客指定形式で出力するものです。標準科目は、XBRL JAPANが公開している標準タクソノミーをベースに、金融業・通信業などの業種別科目、一部企業が採用している米国会計基準の科目を加えて設定しています。

　標準科目へのマッピングは以下のとおりです。

・「現金」と「預金」といった項目の表現も、「現金」と「預金」に分けて記載する企業、「現金・預金」と記載する企業、「現金および預金」と記載する企業など様々、こうした表現の違いを吸収する

・「当期純利益」と「当期純利益損失」という表現の違いがある場合も、負の数字も用いて「当期純利益」に統一

・科目階層ごとに「その他○○」という科目を設けて、仮科目を「その他○○」にマッピングし、後日標準科目に取り上げるべき科目は、標準科目を追加して付け替える

第7章 XBRL応用システム

日立ハイテクノロジーズの財務情報システム

- 有価証券報告書 財務諸表
- 半期報告書 財務諸表
- 決算短信 財務諸表等

↓

システム概要

- マッピングシステム
- マッピングプログラム
- XBRLミドルウエア
- Application Server
- XML対応DB

- 標準科目マッピング
- 業種別タクソノミー

↓

- 財務諸表(お客様の指定形式)
- 標準科目による財務諸表

出典:日立ハイテクノロジーズ ホームページ

7-2 XBRL財務情報システムの実用化②
非上場企業データを含む大量データ変換システム

　大量の財務情報をXBRLに変換するシステム例として、帝国データバンクのXBRL変換システムを紹介します。

　帝国データバンクは、上場・非上場合わせて60万社超の財務データを蓄積しています。帝国データバンクではあらゆる決算書を単独決算書で719科目、連結決算書で817科目に集約し、CSV形式で決算書データを提供しています。XBRL変換システムでは、これをXBRL形式に変換し、企業名や事業年度から検索しやすいファイルとして出力します。

　XBRL形式のタクソノミーは、XBRL JAPANの標準タクソノミー及び帝国データバンク集約科目を元に定義しています。帝国データバンク集約科目のうち、同じ意味で名前が異なるものはXBRL JAPANの標準タクソノミーの項目名と一致させています。XBRL JAPANの標準に対応するものが存在しないものは、帝国データバンク固有科目用タクソノミーを設けて、項目を定義しています。

　会計基準の大きな変更に対しては、標準タクソノミーも情報機関の集約科目と固有タクソノミーも改訂が必要となります。XBRL JAPANの標準タクソノミーの改訂は、XBRL JAPANの管理の元に実施され、帝国データバンクの集約科目と固有タクソノミーの改訂は、帝国データバンクで実施されます。2つのタクソノミーの改訂作業を一本化し、改訂日を一致させるには、実施上さまざまな困難が想定され、Japanの標準タクソノミーと固有科目タクソノミーを分けて構築し、これにより、タクソノミー改訂作業の自由度を確保することができます。

第7章　XBRL応用システム

帝国データバンクのXBRL出力システムのしくみ

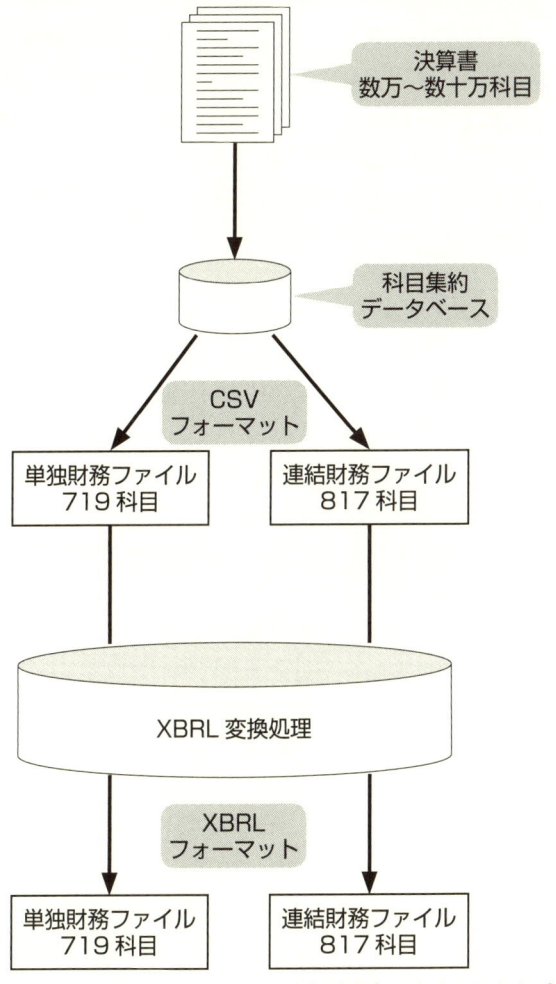

決算書
数万～数十万科目

↓

科目集約
データベース

↓ CSVフォーマット

- 単独財務ファイル 719科目
- 連結財務ファイル 817科目

↓

XBRL変換処理

↓ XBRLフォーマット

- 単独財務ファイル 719科目
- 連結財務ファイル 817科目

出典：帝国データバンク　ホームページ

7-3 経営管理システム①
経営管理の課題

　連結での企業グループ経営は、株主及び投資家の視点から重要視されてきましたが、連結での開示または納税とともに企業グループとしてのリスクマネジメントや目標管理に投資家の注目が集まり、経営計画・アクションプラン・予実対比・最終的な決算を含む経営管理プロセスが問われています。

　企業における財務面でのリスクマネジメントでは、キャッシュフロー管理が代表的です。従来の経営評価では、期ごとの損益が重視されてきましたが、最近では、キャッシュフローの常時安定化が中心となっています。

　企業は売上倍増、利益2倍というような経営目標を掲げて活動し、業績の評価を受けます。こうした目標に対して、半期決算あるいは四半期決算によって業績を評価するだけでなく、目標に向かうプロセスあるいは進捗状況を内部的に把握することが必要になっています。

　たとえば、商品の投入数や販売価格、受注金額や受注時予測粗利益から売上高や粗利益を予測し、あるいは平均在庫日数での在庫の変動や売掛金・受取手形回収サイトや買掛金・未払金の支払いサイトを予測できます。こうした企業目標に関する測定指標はKPI（Key Performance Indicators）とも呼ばれ、効率的な経営管理のための指標として注目されています。また、それと並んで、あるいはそれ以上に経営指標として重要視されているのが、キャッシュフローです。本業での資金獲得を表す「営業活動によるキャッシュフロー」や「フリーキャッシュフロー」が特に企業経営での成果として重要視されています。

第7章　XBRL応用システム

キャッシュフロー管理

> 会社の商売（本業）での
> キャッシュ獲得を表す

項目	金額	
1．営業活動によるキャッシュフロー		
税引前当期純利益	100	
減価償却費	60	
小計A	160	
売上債権の増加額	△100	
棚卸資産の増加額	△50	
買入債務による増加	50	
その他資産の増加による減少額	△100	
その他負債の増加による増加額	100	
小計B	△100	
営業活動によるキャッシュフロー		60
2．投資活動によるキャッシュフロー		
有形固定資産の売却・購入	△160	
投資活動によるキャッシュフロー		△160
フリーキャッシュフロー		△100
3．財務活動によるキャッシュフロー		
短期借入金の増加額	△20	
長期借入金の増加額	100	
財務活動によるキャッシュフロー		80
現金・預金の増加額		△20
現金・預金の期首残高		100
現金・預金の期末残高		80

> 将来のための投資
> 及び投資したもの
> の現金化

> 借入をしたか借入金返済
> ができたかを表す

7-4 経営管理システム②
業績管理と意思決定

　連結経営管理のベースとなる情報は、業績管理情報と意思決定情報に分類できます。これは、財務会計のための情報と管理会計のための情報と言い換えることができます。情報科目に関しては、一致するものも多いですが、利用上の違いから、求める詳細度、精度及び取得速度などがそれぞれ異なります。

　まず、業績管理情報は、損益計算書科目及び貸借対照表科目中心に業績管理するものです。一般管理費（固定費）の配賦などを済ませた最終的な損益を金額で表すものを、四半期ごとの情報として集計します。情報は、経理部門を中心に広範囲にわたって開示します。財務諸表開示の性格上、正確さが重要であり、手間をかけて集計、開示されます。

　次に、意思決定情報は、キャッシュフローや在庫、営業情報といったものから経営状況を把握し、経営判断を行うために用いられるもので、個々の取引や在庫の動きなどの短期間での集計が求められます。損益の把握は、固定費配賦前の限界利益や貢献利益の認識が重要となります。情報利用は、経営者あるいは経営幹部が目標に対する実績を捕まえ、今後の経営判断に利用するため、情報収集の速度が重要であり、その正確さは目的に合わせて設定することができます。

　業績管理情報は、期間比較や同業他社比較、または子会社別部門別の比較など、広範囲にわたっての分析で利用されるものです。一方、意思決定情報は、ビジネスの現場で問題であることが認識されれば、即座に支店ごとや商品ごとに原因の追及が可能であることが期待されます。

第7章　XBRL応用システム

業績管理情報と意思決定情報

連結経営管理のための情報
- 業績管理情報（財務会計）
- 意思決定情報（管理会計）

> 企業グループの連結経営管理を行うための情報は、①業績管理情報と②意思決定情報の2つに大別することができます

7-5 経営管理システム③
XMLベースの経営情報基盤

　連結経営管理のための情報基盤をXMLで構築する場合、グループ各社の会計システム及び業務システムからの情報取得をEAI（Enterprise Application Integration：企業内で業務に使用される複数のコンピュータシステムを有機的に連携させ、データやプロセスの効率的な統合を図ること）によって実現し、連結での財務諸表管理にはXBRL標準記述方式を導入することが基本となります。

　業績管理情報及び意思決定情報は同じ経路で入手され、XMLベースのデータベースで管理されます。財務諸表の科目情報はXBRL FR、総勘定元帳における詳細科目情報はXBRL GLでデータを格納します。格納された情報は、経営コックピットと呼ばれる対話環境で参照され、連結決算や連結での経営管理項目の表示や問題原因の掘り下げ追求が行われます。標準形式によるデータ収集の実現で、管理項目や会計科目の変更が発生しても、各社システムとのデータ連携変更やデータ加工の変更を一括して行うことが可能です。

　経営管理情報取得の機能を拡張する場合、経営管理データモデルと対応づけて管理する代替データマッピング機能をXML上で実現します。マッピングの定義と実行は、XBRLデータ処理基盤によって行うことが可能です。

　財務情報以外の指標データを含めた階層型XML管理は、XBRLによる会計科目の定義と同様に、XMLによる階層型のタクソノミーを構築して、財務情報以外の指標データを定義し、代替マッピングを可能とし、連結各社におけるシステムの相違やデータ不備を補完することが可能となります。

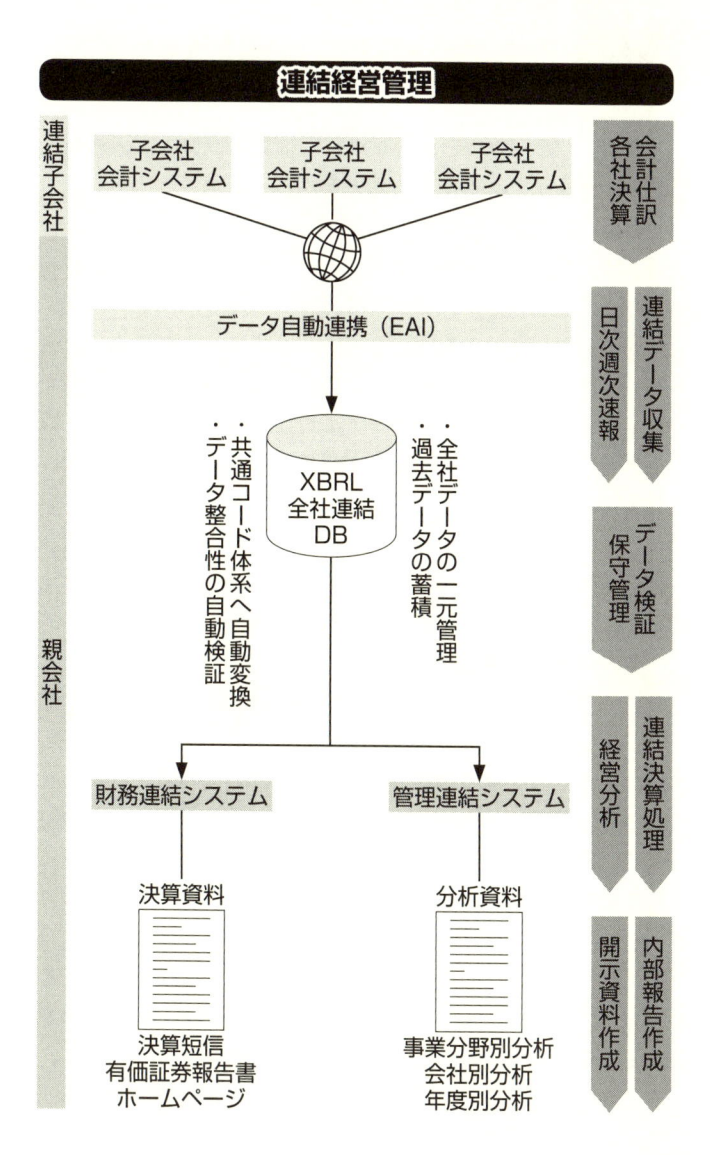

第7章 XBRL応用システム

連結経営管理

連結子会社

- 子会社会計システム
- 子会社会計システム
- 子会社会計システム

↓

データ自動連携（EAI）

↓

XBRL全社連結DB
- 全社データの一元管理
- 過去データの蓄積
- 共通コード体系へ自動変換
- データ整合性の自動検証

親会社

↓

- 財務連結システム → 決算資料（決算短信／有価証券報告書／ホームページ）
- 管理連結システム → 分析資料（事業分野別分析／会社別分析／年度別分析）

各社決算：会計仕訳
連結データ収集：日次週次速報
データ検証：保守管理
連結決算処理：経営分析
開示資料作成：内部報告作成

137

7-6 経営管理システム④
経営情報基盤に基づく経営管理の合理化

XML及びXBRLを導入した経営情報基盤により、連結経営システムは下記のような効果を得ることができます。

・連結決算作業の短縮化

連結企業の単独決算情報及び連結決算作成のための情報の取得を、XML及びXBRLによるデータの共通化とEAIによるインターネット連携により実現します。これにより、合算・清算及び連結決算開示のための確認・調整などの作業がインターネット上の共有データで可能となり、連結決算作成の日程を大幅に削減することができます。

・納税申告の効率化

上記と同じ経路によって、連結での納税申告に関する情報を収集することができ、XBRLによる財務諸表を含むXMLによる電子納税申告書類を効率的に作成することができます。

・経営管理の即時化

経営管理上、必要となるデータを、財務情報以外の指標データを含めてインターネット上の標準データとして収集することができます。標準データの収集は、連結各社のシステムに対応するデータがなくても、代替データによってその時点での最善のデータを取得することができます。

代替データを活用した標準データ連携は、EA（Enterprise Architecture：組織全体の戦略的見取り図）の観点から、企業グループ全体での経営管理情報が見直され、情報源となる会計システムや業務システムを含めたデータモデルの再構築によりシステムは完成し、データを一貫化することにより、KPIによる業績推定や未来予測の精度の向上も期待できます。

第7章　XBRL応用システム

XML及びXBRL導入による経営管理の合理化

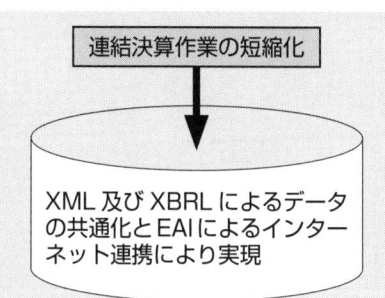

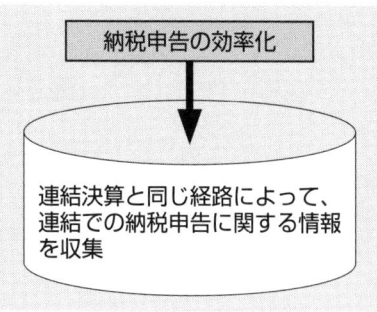

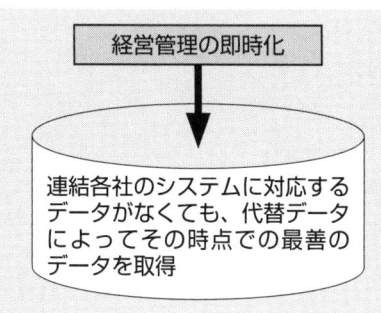

連結決算作業の短縮化

XML及びXBRLによるデータの共通化とEAIによるインターネット連携により実現

納税申告の効率化

連結決算と同じ経路によって、連結での納税申告に関する情報を収集

経営管理の即時化

連結各社のシステムに対応するデータがなくても、代替データによってその時点での最善のデータを取得

第8章

XBRLの今後の展望

8-1 新たな金融インフラとしての XBRL ①
融資業務での XBRL の活用

　企業が金融機関に融資を依頼する場合、金融機関へ融資の申込書と3期分の財務諸表を提出して審査を受けます。金融機関では紙で提出された財務諸表を手作業で入力して分析を行います。そこで企業から申込書と財務諸表を XBRL で受け取って融資の迅速化を図ろうという金融機関が出てきています。

　銀行側が財務情報や融資申込書を XBRL 形式で入手できれば、財務状況やリスクの分析、申込み処理などが迅速に行えるため、融資決定まで大幅な時間短縮が可能です。XBRL の導入により、銀行と企業の双方にメリットがあるわけです。

　また、XBRL はデータの再利用が容易であるため、信用保証協会に対する信用保証依頼、シンジケーションや債権流動化において財務データの2次・3次利用が可能となります。

　XBRL Japan 金融委員会での、融資業務における XBRL の有用性を確認するための実証実験では、融資申し込みに必要な情報を定義した「融資タクソノミー」を試作し、財務諸表部分については e-Tax で作成される XBRL の情報を取り込んでの利用を検討してきました。また現在、電子申告の多くは、市販の会計・税務ソフトウェアで行われています。作成されるデータには、利用ソフトの種類により差異があるため、データの利用に当たっては、実際のファイルを使用した検証が必要になります。金融委員会では、特に XBRL データの2次利用を目的とした検証への活用のため、XTX（電子申告システムへの提出時に作成される XML 形式のファイル）ファイル等のサンプルを公開しています。

第8章 XBRLの今後の展望

融資業務におけるXBRL活用の効能

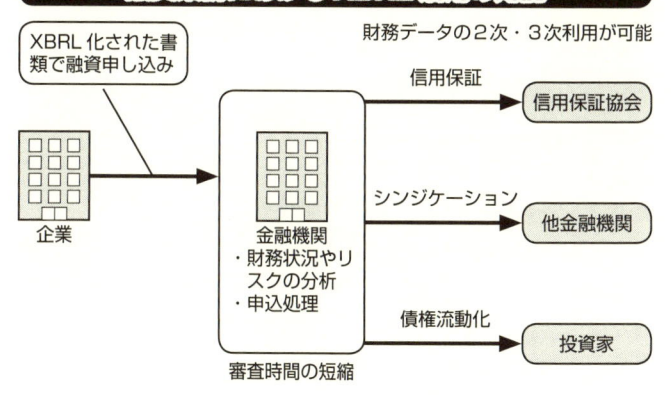

財務データの2次・3次利用が可能

- XBRL化された書類で融資申し込み
- 企業 → 金融機関
  - 財務状況やリスクの分析
  - 申込処理
  - 審査時間の短縮
- 信用保証 → 信用保証協会
- シンジケーション → 他金融機関
- 債権流動化 → 投資家

> 上の図はXBRLを使って融資業務のスピードアップを図るプランのモデルです

143

8-2 新たな金融インフラとしてのXBRL ②
金融監督でのXBRLの影響

　監督官庁においても、金融監督の迅速性と効率化を実現し、安定的な金融システムを継続的に監視するために、XBRLを報告プロセスに導入する動きが出てきています。XBRLに対応するシステムを構築することで、報告・計算作成プロセスが標準化され、処理と手続の大幅な効率化が可能です。

　さらに、不良債権処理が問題となっている現在、金融庁検査や金融機関の自己査定における、融資先企業に対する財務評価の金融機関ごとの差異の発生が問題視されています。XBRLの利用により、監督官庁側では、各金融機関から報告されるデータの比較や評価が容易になるため、どの金融機関の財務評価が不適正かを即座に判断でき、結果的に金融市場の信頼感向上が可能となります。

　企業金融における財務データの位置づけは、直接金融、間接金融によって利用形態は異なるものの、財務データを分析し、それをもとに投融資の意思決定を行うという点で、非常に重要な情報であることはいうまでもありません。

　金融業は、財務データを利用するにあたって、信用仲介を行うために財務データを大量に処理する大口ユーザーとしての側面と、規制業態として市場向けレポーティングを行うという2つの立場を有していますが、近年、財務データをめぐって、その両面から変革が進みつつあります。

　金融監督当局での課題は、金融機関における規制対応コスト削減と金融監督手法としてのオフサイトモニタリングの重要性拡大による、金融機関の経営状況をタイムリーかつ多面的に把握する必要性が増大しています。

第8章　XBRLの今後の展望

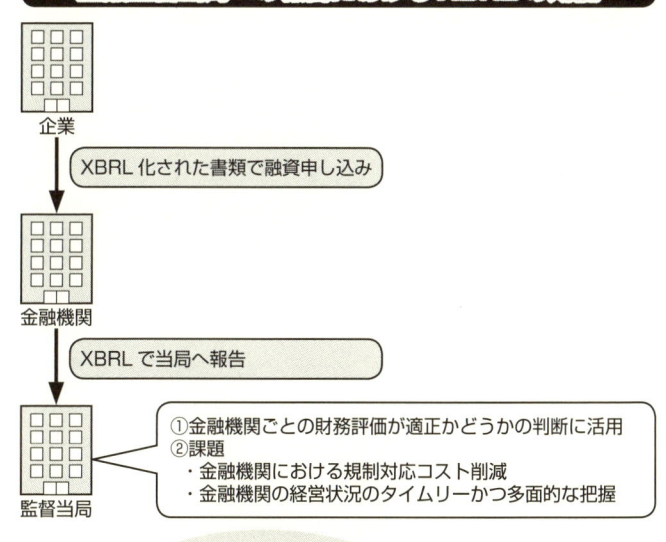

金融監督当局への報告におけるXBRLの効能

企業

↓ XBRL化された書類で融資申し込み

金融機関

↓ XBRLで当局へ報告

監督当局
- ①金融機関ごとの財務評価が適正かどうかの判断に活用
- ②課題
  - ・金融機関における規制対応コスト削減
  - ・金融機関の経営状況のタイムリーかつ多面的な把握

> 上の図はXBRLを使って金融監督の迅速性と効率性の実現、さらには金融システムの安定を監視するためのモデルです

8-3 新たな金融インフラとしての XBRL ③
シンジケートローンでの XBRL の活用

　シンジケートローンは、一般的には「金額の大きな案件についてリスクを分散するために複数行で貸し出す形態のローン」と説明されていますが、実際の取引ポイントは「リレーションシップの介在を前提としない貸付金」という点にあります。「リレーションシップ」とは、金融機関が顧客の取引先と長期的な信頼関係を築いて豊富な顧客情報を蓄積し、質のよい金融サービスを提供することを言います。

　シンジケートローンは、金融機関と借入企業との間に「リレーションシップ」が介在しない分だけ、融資判断は外部情報に頼らざるを得ないことになります。つまり、シンジケートローンは、信用リスク管理を前提としている点で、通常の融資とは異なり、融資判断においては、借入企業の財務諸表に対する比重が高くならざるをえません。

　しかし、XBRL 化により、これらの財務情報の入手と管理ができれば、信用リスク管理の効率化、高度化が実現できます。たとえば、貸出前の段階で参加行の組成を行う場合、アレンジャー（シンジケートローンを組成する役目の銀行）が借入人から財務情報を XBRL 形式により受け取り、ローン参加候補金融機関すべてがアクセス可能な共通サーバーに格納すれば、各参加候補は随時、自行の信用リスクを判断でき、迅速に参加・不参加の意思決定を行うことができます。

　貸出後の管理段階でも、XBRL 形式の情報を用いることで、借入企業の財務情報をリアルタイムで入手でき、財務コベナンツ（制限事項）がチェックできるという信用リスク管理も図ることができます。

第8章　XBRLの今後の展望

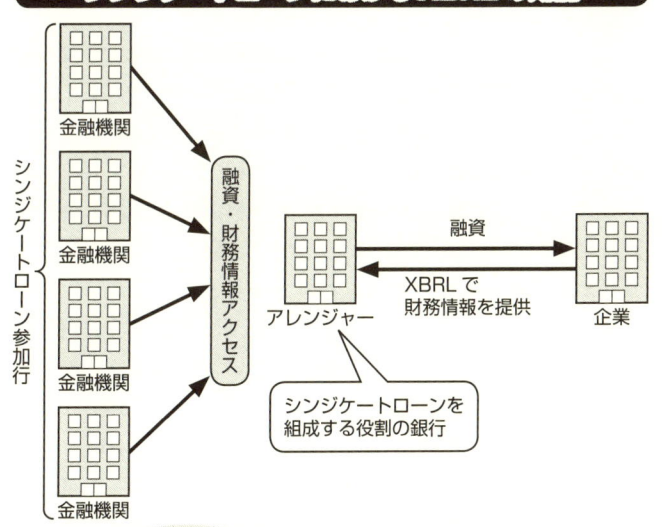

シンジケートローンにおけるXBRLの効能

```
┌─金融機関┐
│         │
├─金融機関┤        融資・
シ        ├──→   財務情報    　　　　融資
ン        │      アクセス    アレンジャー ←──→ 企業
ジ─金融機関┤        ↑                  XBRLで
ケ        │        │              財務情報を提供
┤        │        │
ト        │    シンジケートローンを
ロ─金融機関┘    組成する役割の銀行
ー
ン
参
加
行
```

> シンジケートローンとは、企業の資金調達ニーズについて複数の金融機関がシンジケート団を結成し、同一の条件・契約に基づいて融資を行う手法です

8-4 企業における XBRL の活用①
会計処理の合理化

　XBRL には、情報開示に用いる XBRL FR（Financial Reporting）と経理・会計システム間のデータ連携に用いる XBRL GL（General Ledger）があります。複数の経理・会計システムにまたがる仕訳データを XBRL GL のフォーマット形式により受け渡しを行えば、より機能的な経理・会計情報の連携が可能となります。

　今までの経理・会計処理を行うコンピュータシステムや会計ソフトでは、勘定科目や入出力データは各システム固有の書式を利用していました。互換性のない複数のシステム間では、データのやり取りができません。そこで各システム間に XBRL GL を介在させて、個々の会計システム固有のコード体系や、勘定科目間のデータ構造を標準化することを可能とさせます。通常、複数の異なるシステムから経理・会計データが出力される場合、各システム間のデータを連携させる仕組みが必要になります。

　この複数の異なるシステムから出力されたデータを集約し、XBRL GL で変換することで、すべての会計データを同一書式の総勘定元帳として作成することができます。XBRL GL は、連結会計処理や異なる会計システムのデータを集約する必要があるときほど、効率化の度合いも高くなります。

　XBRL は、連結決算の効率化を進めるためには、有効なツールですが、形式的に採用しただけでは、効率化は実現されません。データ形式を変換するだけでなく、XBRL の特性を理解して、連結決算全体のプロセスでいかに活用するかを十分見極めていくことが重要です。

第8章　XBRLの今後の展望

財務データフォーマットのXBRLによる統一

相互に互換性のないシステム

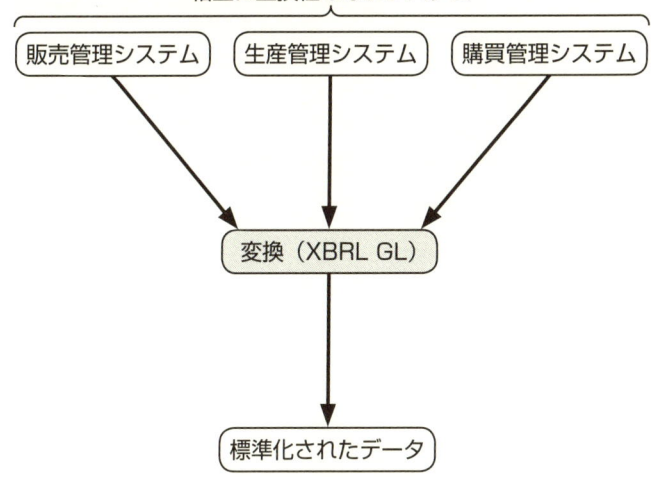

- 販売管理システム
- 生産管理システム
- 購買管理システム

↓

変換（XBRL GL）

↓

標準化されたデータ

> 複数の会計システムにまたがる仕訳データも、XBRL GLのフォーマットによる受け渡しを行えば、相互連携が可能になります

8-5 企業におけるXBRLの活用②
IR業務でのXBRLの活用

　これまで企業のIR関連情報は、有価証券報告書なら紙ベース及びHTML形式、決算短信ならCSVファイルやPDFファイル、といった具合にさまざまな書式で公開されていました。その結果、転記ミスなどが発生し、データの一貫性を損なうリスクが生じるため、関連部署（経理・財務・法務など）に過大な負担が生じる原因となっていました。

　しかし、これらの元になるすべてのデータソースをXBRL形式に変換すれば、同一の情報がそれぞれの目的ごとに利用されることになり、目的別文書が機械的に作成されるので、文書作成に係わるそれぞれの負担は、大幅に削減されます。また、同一データの利用によって、データの一貫性が保証されることになるので、開示情報間の整合性が常に保たれることになります。さらに会計データは一度XBRL化してしまえば、HTML、PDF、CSVなどの異なった形式に容易に変換することが可能なので、インターネット上での財務情報の開示や流通が容易になります。

　企業のグローバル化は、IR活動におけるターゲットを、国内だけでなく海外へと向けさせています。今後、海外の投資家からの出資金集めを試みようとする企業が増える結果、様々な国の言語及び会計基準に準拠した形式で財務諸表を開示する必要に迫られることになります。

　その点でも、XBRLは、出力形式の使用言語や金額の単位、端数の丸め方などについても、異なる形式や書式、言語で出力することが可能です。その場合も、元となるデータは同一のソースに基づくため、情報内容の一貫性は保たれます。

第8章　XBRLの今後の展望

IRにおけるXBRLの効能

XBRL化された財務情報
- 社内外のXBRLシステム
- 既存システム
- 社内向け会議資料
- 社外向けディスクロージャー資料
- Webでの一般情報公開

すべて自動変換

> IRはInvestor Relationの略であり、株主や投資家向けの広報活動をいいます。ここでもXBRLの導入は大きな威力を発揮するでしょう

8-6 企業における XBRL の活用③
内部報告における XBRL の活用

　XBRL GL は、財務活動の報告に必要な詳細情報を持ち、制度の異なる多様な財務報告書の形式とは独立して内部報告用に記録します。このことから XBRL GL で記録されたデータにより、会計監査、予算立案、外部報告などの目的に応じた財務情報を作成することができます。たとえば、外部報告用の科目を、XBRL GL の集計先として定義した場合、計算書類に記載する科目の数値がどの GL データから集計されるかがわかります。このように対応関係を用途別に定義することで、多様な財務報告の数値それぞれが、どのような内訳から構成されているのか参照できます。

　既存の財務会計パッケージに蓄積された日々の取引データと財務報告インスタンス、その集計先である財務報告情報に対応関係が定義されているため、財務報告の科目から、より詳細な情報への深い分析が可能となります。このように、財務報告の科目とその内訳である詳細情報とを関連づけて表示できるので、XBRL GL は、連結決算や会計監査、財務・経営分析作業を効率化する有効な手段として活用できます。

　XBRL GL は、XML 技術に基づいており、内部報告における標準的なデータ仕様を提供し、多様な業務システムの情報を共通の表現に変換することが可能となります。

　XBRL で構築されたシステムを導入すれば、経営者はいつでも必要なときに、事業全体の成果だけでなく、部門別の業績も詳細に参照できるようになり、経営の迅速な意思決定が可能になります。

第8章　XBRLの今後の展望

XBRL GLと財務報告の連携利用

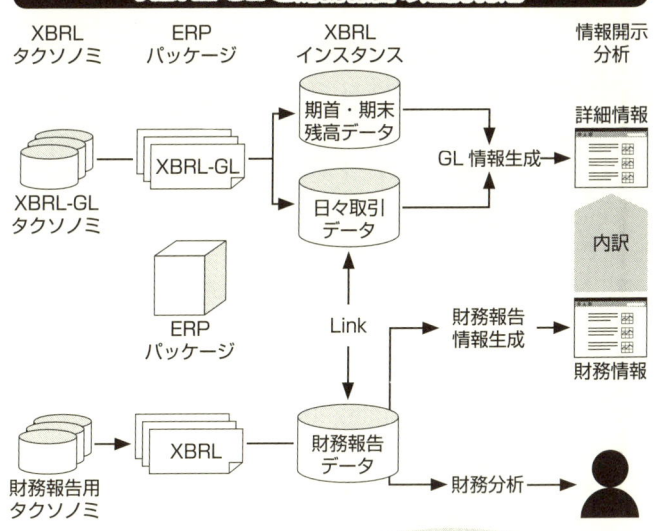

```
XBRL         ERP         XBRL              情報開示
タクソノミ    パッケージ   インスタンス       分析

                       ┌─期首・期末─┐
                       │ 残高データ  │          詳細情報
XBRL-GL ── XBRL-GL ──┤           ├─GL情報生成→
タクソノミ              │ 日々取引  │
                       │ データ    │             内訳
                       └──────────┘
          ERP                ↑
          パッケージ          │Link       財務報告
                            ↓          情報生成→
                       ┌──────────┐              財務情報
財務報告用 ── XBRL ───┤ 財務報告  │
タクソノミ              │ データ    ├─財務分析→
                       └──────────┘
```

XBRL GLは多様な業務システムの情報を共通の表現に変換することが可能であり、企業の内部報告の作成ややりとりに有効です

153

8-7 投資家のXBRLの活用①
個人投資家

　インターネット環境の普及により、株式市場において個人投資家の存在感が日々高まっています。しかし、企業から発信されている情報は、個人投資家にとってわかりやすい情報とは言い難く、また個人投資家の声も企業に届きにくいということが課題となっています。

　決算短信やネット上で開示されている各企業のIR情報の利用も増えてきているようですが、大半の個人投資家は、四半期業績の開示をしているかといった企業姿勢や、業績予想を重要視しており、貸借対照表や損益計算書を読みこなして分析するには、専門的な知識が必要なこともあり、生の情報を利用することはほとんどしません。

　つまり、連結会計、資産の時価評価、キャッシュフロー計算書などの開示情報が難解になる中、それらの情報に含まれる重要な要素から、前年度や他年度比較、他業種や同業他社比較などを行うことができるサービスやソフトが個人投資家にとって必要となります。このようなサービスやソフトが提供されない限り、情報開示が進んでも、個人投資家の投資環境は何ら進展を見せません。

　XBRLを利用した適切な情報開示が行われることにより、個人投資家は、最先端のXBRLに基づいたビジュアル化された財務情報から企業実態を把握することができ、倍率法やDCF法に基づいた企業価値評価が入手できるほか、ニュース速報やIR情報も入手できるようになると、個人投資家の不安は軽減され、社会的には資本調達コストを下げることに繋がるとともに、投資の活性化に寄与することになります。

第8章 XBRLの今後の展望

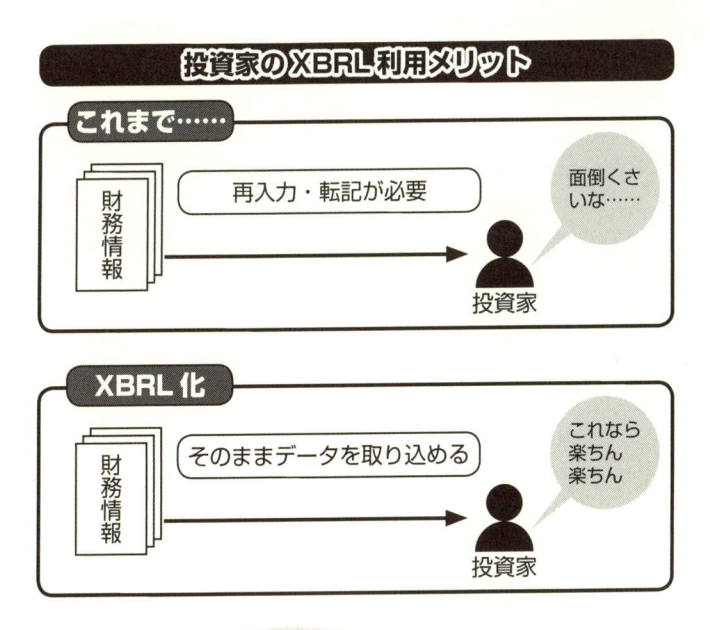

投資家のXBRL利用メリット

これまで……

財務情報 → 再入力・転記が必要 → 投資家

面倒くさいな……

XBRL化

財務情報 → そのままデータを取り込める → 投資家

これなら楽ちん楽ちん

> これまで個人投資家にとって、財務諸表をフル活用した投資分析は敷居の高いものでした。XBRLの登場はその点で大きな意味をもっています

155

8-8 投資家のXBRLの活用②
機関投資家

　いわゆる機関投資家は、アナリストミーティングや機関投資家向け説明会などで、アナリストの分析・予測をリアルタイムに入手できるという点で、一般の個人投資家より優位にあると言えます。もっとも、巷にあふれる多くの情報源と類似情報の中から、必要な情報を取捨選択して、比較分析するという点では、機関投資家といえども個人投資家と同じです。

　したがって、機関投資家にとっても、前年度や他年度の業績比較、他業種や同業他社との業績比較などを行うサービスやソフトが必要になります。XBRLの普及により、機関投資家は多くの情報源から、類似情報をシステム分析して、二次利用、三次利用に繋げていく手段を得ることが可能になります。このことにおいて、XBRLとRIXML（Research Information eXchange Markup Language：証券アナリストによる企業調査情報を表現するマークアップ言語）との連携もあり、情報収集プロセスの効率化が期待されます。

　一方、XBRLを利用した情報開示が広まることにより、ファイナンシャルプランナーや個人投資家も投資意思決定プロセスにおいて、開示情報を活用することになり、機関投資家は、よりリスク情報に敏感にならざるを得ません。また、このような情報収集形態が広がるにつれ、機関投資家と個人投資家の情報格差も縮小していくと思われます。さらに、機関投資家にとっては、自らが素早く、大きく変化していかないと、端末でフィーを取ることが正当化しづらくなってしまうこともあり、今後の方針が事業としての成否に大きく係わってくるものと思われます。

第8章　XBRLの今後の展望

投資家間の情報格差の縮小

これまで……

- 投資情報　個人投資家　機関投資家　投資情報

XBRL化

- 投資情報　個人投資家　機関投資家　投資情報

> XBRLの導入により、プロの機関投資家とアマチュアの個人投資家とを隔てていた情報の格差（量・スピード）は大きく縮小するとみられています

8-9 投資家の XBRL の活用③
投資分析での XBRL の活用

　企業の財務情報の流通形態は、紙ベースの財務諸表、インターネット上の PDF ファイル、情報ベンダーからの個別企業データ、さらにはそれらの一次情報を加工した二次情報など、様々な形をとっています。XBRL 化でこれらの情報は、その正確性・迅速性・操作性が格段に向上するだけでなく、二次利用時における、品質の維持が保証されることになります。

　投資意思決定プロセスにおいて中心となる情報源は、業績予想を含め、二次加工されたものです。XBRL の活用で、投資家サイドの一次データを含めた分析作業が効率化され、一貫性をもったデータを広範囲に処理することで、信用分析の高度化を期待することができます。XBRL を使って様々な角度から投資対象企業を分析し、将来性を予測する方法としては、指標（1．売上高利益率やキャッシュフローマージンで企業収益性や流動比率、2．自己資本比率で安全性、3．労働装備率や労働分配率で生産性など）を迅速に分析して表示する以外にも、事業体や年度による分類を検索条件とするなど、様々な活用ができるようになります。

　また、技術的には、XBRL のベースとなった XML の特徴に基づいて、フレキシブルに活用ソフトを選択できたり、Web サービスとのすぐれた調合性を持つなどの利点から、投資家にとって「必要な情報を、必要な形式で、必要なタイミング」で入手して、分析・提供することが可能となります。

　一方、XBRL の活用に当たっては、情報入手の際の漏洩などに対する各社の署名付与や暗号化などのセキュリティにも十分気をつけて活用したいものです。

第8章　XBRLの今後の展望

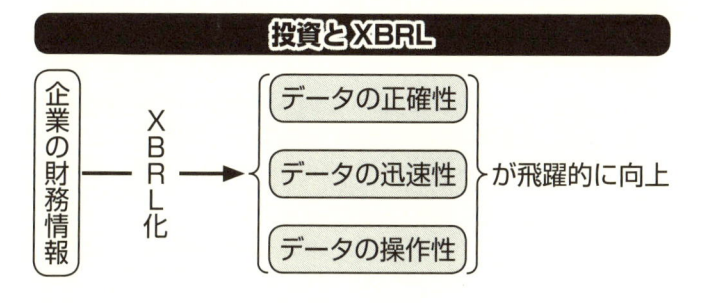

投資とXBRL

企業の財務情報 ─ XBRL化 →
- データの正確性
- データの迅速性
- データの操作性

が飛躍的に向上

> ここまで述べてきたように、XBRLは一般には投資分野での利用に大きな期待が寄せられています。日本人の株式投資に対する姿勢にも影響を与えるかもしれません

■著者紹介
澤田和明（さわだ・かずあき）
株式会社コンサルティング・ネットワーク　代表取締役
澤田経営研究所　代表
1960年生まれ。9年間の会計事務所勤務で多種多様な企業への税務・財務面からの経営指導を経験。その後、訪問販売会社及び建設会社にて2度の倒産を経験したことから「会社は絶対に潰してはならない」という思いのもと、経営コンサルタントとして独立。以来、数多くの企業の再建・再生に情熱を傾け、勝ち組企業へと導く。現在は企業再建・再生を中心に、企業経営全般、財務強化、資金調達支援、組織改革、人財育成コンサルティングおよび研修講師などの活動を展開している。著書に『通勤大学図解会計コース①財務会計』『同②管理会計』『同③CF（キャッシュフロー）会計)』（小社刊）がある。

　連絡先：澤田経営研究所　E-mail:consul@sawada-ac.jp
　　　　　　　　　　　　　URL http://www.sawada-ac.jp

通勤大学文庫
図解会計コース4
XBRL

2009年8月4日　初版発行

著　者　　澤田和明
発行者　　野村直克
発行所　　総合法令出版株式会社
　　　　　〒107－0052　東京都港区赤坂1-9-15
　　　　　日本自転車会館2号館7階
　　　　　電話　03-3584-9821
　　　　　振替　00140-0-69059
印刷・製本　中央精版印刷株式会社
ISBN 978-4-86280-150-0

Ⓒ KAZUAKI SAWADA 2009 Printed in Japan
落丁・乱丁本はお取替えいたします。

総合法令出版ホームページ　http://www.horei.com